CATALOGUE

D'UNE

GRANDE ET BELLE

VENTE DE LIVRES

COMPRENANT

un grand nombre de LIVRES IMPRIMÉS AU XVe
SIÈCLE, de BEAUX OUVRAGES à FIGURES, une
série très importante de CÉRÉMONIES PUBLIQUES,
principalement dans les villes des Pays-Bas depuis le
XVIe siècle, de beaux ouvrages sur l'HISTOIRE DE
BELGIQUE, DE FRANCE et autres pays, VOYAGES
PITTORESQUES, KEEPSAKES, ANNUAIRES avec
ILLUSTRATIONS, LIVRES ILLUSTRÉS par Gavarni, Grandville et autres articles modernes; LIVRES
à PORTRAITS et à COSTUMES. Ouvrages rares et
curieux en tout genre, la plupart en très bel état de
conservation. LIVRES DE GÉNÉALOGIE, imprimés
et manuscrits, ouvrages de Sciences, de Belles-Lettres,
LIVRES ANCIENS ornés de figures sur bois, etc., etc.

dont la Vente aura lieu à BRUXELLES

le lundi 8 avril 1872 et les jours suivants

chaque jour à une heure très précise

par l'entremise et sous la direction du libraire

FR. J. OLIVIER

31, rue des Paroissiens

NOTA. — Les livres pourront être examinés chaque jour de
vente de 9 heures à midi.

CATALOGUE

D'UNE

GRANDE ET BELLE

VENTE DE LIVRES

COMPRENANT

un grand nombre de LIVRES IMPRIMÉS AU XVᵉ SIÈCLE ; de BEAUX OUVRAGES à FIGURES ; une série très.importante de CÉRÉMONIES PUBLIQUES, principalement dans les villes des Pays-Bas depuis le XVIᵉ siècle ; de beaux ouvrages sur l'HISTOIRE DE BELGIQUE, DE FRANCE et autres pays ; VOYAGES PITTORESQUES ; KEEPSAKES ; ANNUAIRES avec ILLUSTRATIONS ; LIVRES ILLUSTRÉS par Gavarni, Grandville et autres artistes modernes ; LIVRES à PORTRAITS et à COSTUMES ; Ouvrages rares et curieux en tout genre, la plupart en très bel état de conservation ; LIVRES DE GÉNÉALOGIE, imprimés et manuscrits ; ouvrages de Sciences, de Belles-Lettres ; LIVRES ANCIENS ornés de figures sur bois, etc., etc. ;

dont la Vente aura lieu à BRUXELLES

le Lundi 8 avril 1872 et cinq jours suivants

(chaque jour à une heure très précise)

au domicile et sous la direction du Libraire

FR.-J. OLIVIER

11, rue des Paroissiens

AVIS. — Les Livres peuvent être examinés chaque jour de Vente, de 9 heures à midi.

BRUXELLES
TOINT-SCOHIER, IMPRIMEUR
11, rue de la Commune

ORDRE DES VACATIONS.

CONDITIONS DE LA VENTE.

La vente se fait au comptant, en francs et centimes, avec augmentation de dix pour cent.

Tous les ouvrages sont vendus *pour complets*, sauf indication contraire et expresse du catalogue. — Les amateurs pourront examiner les ouvrages avant chaque vacation et collationner sur place, leurs acquisitions dans les vingt quatre heures après l'adjudication. — Pour les articles retirés de la salle de vente, les réclamations ne seront plus admises.

Le libraire chargé de la vente, accepte des commissions aux conditions ordinaires.

131. De Imitatione Christi. Première édition.

137. Pomarium mysticum. *Anvers*, 1535, avec figg. sur bois.

208. Guigonis. Statuta et privil. ordin. Carthusiensis. En maroq. exempl. de *Girardot de Prefond*.

209. Dyalogus super libertate ecclesiastica *(Gand, de Keysere)*, in-4°.

267. Pronosticatio theutsch (de J. Lichtenberger). *Mayence*, 1492, avec curieuses figures sur bois.

327. Les Victoires de l'empereur Charles-Quint, 12 estampes, très rares.

332. Les Images de tous les Saincts, de Callot. Bel exemplaire.

344. Montanus. David virtutis... avec figg. des frères de Bry.

357. Epitome des gestes des roys de France. *Lyon*, 1546, in-4°.

360. National portrait Gallery, de Jerdan. 5 vol. gr. in-8°, bel exemplaire.

371. The Keepsake, et autres recueils avec figures.

396. Les Français peints par eux-mêmes.

La série très importante de cérémonies publiques, avec figures:

406. Les Funérailles de l'empereur Charles-Quint.

407. L'entrée de Charles IX dans Paris.

409. Les Funérailles du Taciturne.

417.   —   de Guillaume Louis de Nassau.

419.   —   du Prince Maurice d'Orange.

421. L'Entrée de Marie de Médicis à Amsterdam, curieux exempl. avec divers états des figures.

422. L'Entrée du Prince Ferdinand à Anvers, avec *deux dessins originaux* de Rubens.

437. Le Sacre du roi Louis XV, en ancien maroquin, aux armes.

440. L'Entrée du Prince Guillaume V à Amsterdam.

477. Il Ballarino. *Venise*, 1581, bel exempl.

478. Jeu de Cartes, peint à l'aquarelle par un artiste moderne. Joli objet.

485. Juvenal et Perse. *Brescia*, 1473. Très rare.

491. Petrarcha. *Louvain, Rud. Loeff's de Driel*, vers 1484, très rare.

IMPRIMEURS DU XVe SIÈCLE

ET DU

COMMENCEMENT DU XVIe SIÈCLE

cités dans ce Catalogue

ANVERS

Matthys van der Goes, n°. 125, 269.
Gerard Leeu, 101, 161, 489.
Godefr. Back, 118.
Claes Leeu, 102.
Roland van den Dorpe, 928.
Henri Eckert van Homberch, 29, 193.
Claes de Grave, 99.
Michel Hillen van Hoochstraten, 96, 119, 127.
Willem Vosterman, 137.
Simon Cocx, 41.
Jean van Ghelen, 121.

AUDENARDE

Arnaud de Keysere, 130.

AUGSBOURG

Gunther Zainer, 122, 131.
Ant. Sorg, 205.
Monastère des SS. Udalric et Affer, 159.
Anonyme, 742.

LOUVAIN

LYON

MAYENCE

NUREMBERG

PARIS

ROME

STRASBOURG

CATALOGUE

DE

LIVRES

THÉOLOGIE

1. --- Religion des peuples anciens.

1. Dictionnaire de la fable, ou mythologie grecque, latine, etc., par Fr. Noel. *Paris,* 1801, 2 vol. in-8°. v. br.

2. Explication de divers monumens singuliers qui ont rapport à la religion des plus anciens peuples (par Dom Martin). *Paris,* 1739, in-4°, figg., v. br.

3. Symbolum fidei Judæorum è R. Mose Ægyptio. Præcationes eorumdem pro defunctis è lib. Mahzor, etc., interprete G. Genebrardo. *Parisiis, apud Mart. Juvenem,* 1569, in-8°, en vélin.

Texte en hébreu et en latin.

4. Coranus arabice. *Sumtibus Sartorii Leodiensis,* anno *fugæ MCCXLV,* p. in-fol., dem. rel.

2. --- Religion chrétienne.

Saintes-Écritures.

5. Biblia sacra vulgatæ editionis cum annotat. autore J. B. Duhamel. *Lovanii,* 1740, 2 tom. en 1 vol. in-fol. v. br.

6. LA SAINTE BIBLE, contenant l'ancien et le nouveau Testament, traduite en françois, par M. Le Maistre de Sacy ; ornée de 300 figures gravées d'après les dessins de Marillier. *Paris, l'imprimerie de Monsieur*, 1789, 12 vol. in-8°, dem. maroq. La Vallière, avec coins, tête dorée, tr. ébarbées.

Très bel exemplaire.

7. Biblia, of de gantsche heylighe Schriftuere, grondelick verduytschet. *Dordrecht, by Pieter Verhagen*, 1599, in-4°, goth. à 2 col., musique notée, en vélin.

8. DE PSALMEN DAVIDIS, in Nederlandischer sangs-ryme, door Jan Wtenhove van Ghentt. — Formulier Kerckendienstes. — De kleyne Catechismus, Kinder of berichtleere der Duytscher Ghemeynte to London ghemaect door Marten Micron. *Ghedruckt to Londen by Jan Daye*, 1566, 3 parties en 1 vol. in-12, avec musique notée ; maroq. brun du Levant, janséniste.

Exempl. bien conservé de ce Psautier très rare.

9. Les Saints Evangiles, traduits de la Vulgate, par M. l'abbé Dassance, illustrés par Tony Johannot, Cavelier et autres. *Paris, L. Curmer*, 1836, 2 vol. gr. in-8°, texte encadré et figg. sur acier, veau vert à comp., tr. dor.

10. Dat Nieuwe Testament. Te wetene die vier Evangelien ons Heeren... die Epistelen diemen inder Missen leest... Item noch eenen seer profitelijcken Kalengier. ❡ *Tantwerpen by my Michiel van Hoöchstraten in dye Rape*, 1530, in-8°, goth. vélin.

Texte de la *Vulgata*.

11. The illustrated family New Testament, with notes and references by John Brown. *London*, 1838, in fol., figg. et encadrements en rouge, à 2 colonn., maroq. noir, tr. dor.

12. Joh. Gerson. Concordantiæ evangelistarum sive Monotesseron aut unum ex quatuor. — *S. l. n. d.*, in-fol. goth., 60 ff. sans chiff. ni sign., cart.

PREMIÈRE ÉDITION, imprimée vers 1471 avec les caractères employés par Arnold Therhoernen de Cologne. (Voyez *La Serna*, n° 645).
Exempl. rempli de témoins.

13. PAULUS de S. Maria. Incipit dialogus qui vocatur Scrutinium scripturarum. *S. l. n. d.*, in-fol. goth., de 215 ff., veau fauve, fers à froid, avec agraffes.

Imprimé par J. MENTELIN, à *Strasbourg*, le premier imprimeur de cette ville.
Superbe exemplaire.

14. Corn. à Lapide. Commentaria in Pentateuchum Mosis. *Antverp.*, 1623, in-fol., veau br.

15. C. à Lapide. Comment. in Ecclesiasticum. *Ibid.*, 1634, in-fol., p. de truie.

16. — — Comment. in Ecclesiasten, Canticum Canticor. et libr. Sapientiæ. *Ibid.*, 1649, in-fol., v. br.

17. — — Comment. in Jeremiam. *Ibid.*, 1621, in-fol., vélin.

18. — — Comment. in Ezechielem. *Ibid.*, 1621, in-fol., vélin. Reliure détachée.

19. — — Comment. in quatuor prophetas maiores. *Ibid.*, 1622, in-fol., vélin.

20. — — Comment. in duodecim prophetas minores. *Ibid.*, 1625, in-fol., veau br.

21. — — Comment. in quatuor Evangelia. *Aug. Vindel.*, 1735, 2 vol. in-fol., peau de truie.

22. — — Comment. in Acta apostolorum. *Lugduni*, 1627, in-fol., vélin.

23. — — Comment. in omnes divi Pauli epistolas. *Antv.*, 1635, in-fol., veau br.

24. Postilla maiores in Epistolas et Evangelia. *Basileæ*, 1514. — Passio domini nostri Jesu Christi. *Ibid.*, 1514, en 1 vol. in-4°, peau de truie avec agraffes.

Ouvrage orné de 172 figures sur bois gravées par Urse Graff.

25. Paraphrasis, of een wtsprekinghe vander Schrifturen... ghedaen van D. Erasmus vã Rotterdam in Sinte Matheus Evangelie. *Gheprent bi mi Cornelis Heynrich. z. Lettersnyder, wonende binnen der stadt van Delft, s. d.*, (vers 1523), in-8° carré, en vélin.

Imprimé avec les jolis caractères. d'une netteté remarquable, qui distinguent les rares produits de ce typographe. — Ces caractères ont servi à l'impression du Nouveau Testament de 1524 (vendu fl. 78, — chez Enschédé).

26. Caroli a Sancto Paulo, Geographia sacra, cum notis L. Holstenii. *Amstel.*, 1740, 2 vol. in-folio, avec cartes, veau rac.

Biographies Sacrécs. — Figures de la Bible.

27. Historia familiæ sacræ, ab Ant. Sandino. *Patavii*, 1755, p. in-8°, v. br.

28. LUDOLPHE le Chartreux. Le grand vita christi. — *Cy finist le tres bel et proffitable livre des meditacions sur la vie de Jhu crist... Imprime en la cite de Lyon sur le Rosne, par Jacques Buyer et Matthieu Hus, 1487*, in-folio, goth. à 2 colonn., figg. sur bois, veau racine.

Édition d'une insigne rareté : le seul exempl. complet qu'on ait vu passer en vente publique, est celui de M. Yemeniz (1855 fr.). — Le volume décrit ci-dessus, renferme les parties III et IV de l'ouvrage : il est parfaitement conforme à la description donnée par M. Yemeniz. et admirablement conservé. — Avec témoins et presque NON ROGNÉ.

29. Dit es dlevē ons liefs heeren Jhesu cristi andwerven gheprint ende verbetert met addicien van schoonen moralen, leeringhen ende meditacien. *Gheprent in die seer vermaerde coopstadt van Antwerpen, int huys van Delft. By mi Henrick eckert van Homberch, 1503*, p. in fol. goth., à 2 colonnes, veau.

Édition remarquable par le grand nombre de figures sur bois (non coloriées) qu'elle renferme. L'exempl. est complet, bien conservé, mais pas grand de marges.

30. (W. van Branteghem) JESU CHRISTI VITA, iuxta quat. Evangelistarū narrationes, artificio graphices perq. eleganter picta... — *Antverpiæ, apud Mattheum Cromme, pro Adriano Kempe de Bouchout, anno 1537*, in-8°, figg. sur bois, en vélin.

Livre recherché pour les nombreuses figures sur bois, dont il est orné. Bel exemplaire.

31. Limage de vertu demonstrant la perfection et saincte vie de la bienheureuse Vierge Marie Mère de Dieu, par les escriptures tant de lanciē que du Nouveau Testament. Autheur F.-P. Doré. — *Imprime a Paris par maistre P. Vidoue, pour honneste personne Jehan de Broully, 1540*, in-8°, ancienne reliure, aux armes, tr. dor. guillochées, en veau.

Bel exemplaire réglé, grand de marges, avec des témoins.

Édition la plus ancienne de ce livre curieux : elle n'est pas décrite par M. Brunet. — *L'Epistre au lecteur*, s'y trouve en deux tirages différents, avec et sans l'adresse du libraire.

32. Vie de la bien-heureuse Vierge Marie Mere de Dieu, representee par figures emblematiques, dessignées et gravees, par Jacques Callot. *Paris, chez Franç. Langlois, 1646*, in-4°, avec 27 figg., veau rac.

Dans le même vol. « *La lumiere du Cloistre* », avec figg. emblem. de Jacques Callot. *Ibid.*, 1646, avec figg. (incompl. de 4 ff.).

33. MART. DE VOS. Vita, passio et resurrectio Jesu Christi, ab *Adr. Collart* nunc primum in aes incisis. *Joan. Galle excudit, Antverpiæ*, (titre et 50 planches). — Mart. Heemskerck et Joh. Stradanus. Acta apostolorum. *Ibid.. id.*, (34 pl. et titre). — Visiones Apocalypticæ, 24 sujets sur 4 feuilles. —

Vita B. Mariæ Virginis, *Adrianus Collaert sculpsit*, titre et 16 pl. sur 8 feuilles. — Le Christ et les Apôtres, 14 pièces, sur 5 ff. — Icones illustr. feminarum Novi Testamenti a Phil. Gallaeo collectæ, 15 sujets par les deux Collaert et Mallery, sur 5 ff. — Icones illustr. feminarum Veteris Testam., 20 sujets, par les mêmes artistes, sur 7 ff. — Icones prophetarum Veteris Testamenti à Joan. Stradano delineatæ. *Antverpiæ, Joan. Galle*, 27 sujets et titre, sur 14 ff. — Tableaux de l'Ancien Testament, d'après Mart. Heemskerck, 8 ff. — Le Christ et les Apôtres. *Mart. Van den Enden excudit*, 14 sujets sur 7 ff. — En un vol. in-fol. oblong, dem. veau ant.

Épreuves anciennes sur *papier fort*. Bel exemplaire.

34. ICONES PROPHETARUM veteris Testamenti, a Joan. Stradano delin., à Corn. Gallæo sculptæ. *Antverpiæ, s. d.*, 27 pièces. — Passio, mors et resurrectio Dn. nostri Jesu Christi. *Antverpiæ, Joan. Gallaeus excudit*; titre et 20 pièces. — Vita B. Mariæ Virginis. *Ibid., idem*, 18 pièces. — VII Virtutum theologicarum et cardinalium icones. *Ibid., id.*, 8 pl. — VII Peccatorum capitalium imagines. *Ibid.*, (1695), 8 pièces. En 1 vol. p. in-folio, vélin blanc à fil.

Très beau recueil, formé anciennement et composé de très belles épreuves. — Ces estampes sont des deux frères Galle, A. Collaert, et Jérôme Wiericx. — Les premiers feuillets légèrement mouillés.

35. Abdiæ Babyloniæ episcopi, de historia certaminis Apostolici, libri X, Julio Africano interprete. *Parisiis*, 1560, in-8°, v. br.

Signature au titre.

36. Ant. Sandini. Historia Apostolica. *Patavii*, 1744, p. in-8°, v. marbr.

37. Figures de l'Ancien et du Nouveau Testament, par J. Luyken et autres, 2 vol. p. in-folio, frontispice et 397 figg. gravées sur cuivre, dem. rel. (sans texte).

38. C. et J. Luyken. Historiæ celebriores Veter et Nov. Testamentum iconibus representatæ. *Norinberg.*, 1712, 2 part. en 1 vol. in-fol., avec 2 titres et 259 pl. gravées, veau br.

Bonnes épreuves des estampes.

39. Landscape Illustrations of the Bible, consisting in views of the most remarkable places of the old and New Testament, engraved by Finden. *London, Murray*, 1836, 2 vol. in-8°, nombr. figg., dem. cuir de Russie, tr. marbr.

40. Beautés de la Sainte-Bible, illustrées d'après les grands maîtres, avec des reflexions, par l'abbé Le Guillou. *London, Fisher*, 2 vol. gr. in-4°, nombr. figg., maroq. noir, tr. dor.

41. W. VAN BRANTEGHEM. Enchiridion, côpluscula eorū que in veteris testamenti sacris Biblijs tradūtur, picturis expressa côtinens... *Excudebat Simon Coquus Antverpiæ... Anno Christi* 1535, in-8°, lettres rondes, avec 87 estampes sur bois et une bordure gravée au titre : ancienne reliure, estampée.

Très bel exemplaire. Ce livre rare n'est pas décrit dans le *Manuel*.

42. ICONES HISTORIARIUM veteris Testamenti, ad vivum expressæ. *Lugduni, apud Joannem Frellonium*, 1547, in-4°, en vélin blanc, tr. dor.

Premier tirage sous cette date. — Admirable exemplaire de ce livre rare, illustré de figures par Hans Holbein.

43. Figure del Vecchio Testamento, con versi Toscani per Damian Maraffi. *In Lione, per G. di Tournes*, 1554, in-8°, figg. sur bois, en parchemin.

Exempl. bien conservé, d'une édition remarquable par les belles figures sur bois.

44. Rationarium evangelistarum. — *S. l.*, 1502, in-4°, avec 15 planches sur bois, coloriées, cart.

L'exempl. a quelques notes ms.; le titre manque. — On sait que les figures curieuses de ce livre sont la reproduction d'un ouvrage précieux « l'*Ars memoriendi.* »

45. Figures dv Novveav Testament. *a Lion, par Jan de Tournes*, 1556, in-8°, figg. sur bois, en parchemin.

Exempl. bien conservé. — Signature à l'encre, au titre.

46. Figures dv Novveav Testament, illustrees de huictains françoys, pour l'interpretation et intelligence d'icelles. *Lyon, par Guillaume Roville*, 1570, p. in-8°, en vélin.

Édition ornée de 157 figures sur bois, par J. Moni, graveur lyonnais. Bel exemplaire.

47. Parables of our Lord, illustrated by John Franklin. *London*, in-fol., texte et figg. gravés, en toile rouge, tr. dor.

Le texte imprimé à l'encre rouge.

Liturgie.

48. Dom Edm. Martene. De antiquis ecclesiæ ritibus. *Rotomagi*, 1700, tomes 1 et 2, 2 vol. in-4°, veau brun.

49. Liturgiarum orientalium collectio, opera et studio Eus. Renaudotii. *Parisiis*, 1716, 2 vol. in-4°, veau brun.

Édition peu commune.

50. L'abbé Falise. Cours abrégé de liturgie pratique. *Paris*, 1855, in-8°, br.

51. Romsée. Opera liturgica. Praxis celebrandi Missam, etc. *Mechliniæ*, 1838, 5 tom. en 4 vol. p. in-8°, br.

52. De Herdt. Sacræ liturgiæ praxis, juxta ritum romanum. *Lovanii*, 1851, 3 vol. in-8°, br.

53. ALBERTUS Magnus. Opus de misterio misse. *In opido imperiali Ulm per Johannē Czeyner de Reutlingen*, anno *M.cccc.lxxiij* (1473), in-fol. goth., de 135 ff., dem. rel.

Édition originale, très rare et très recherchée, comme étant le *premier livre avec date*, imprimé à Ulm. (*Brunet*).

A la fin de l'ouvrage se trouve, imprimé avec les mêmes caractères, un petit traité de Saint-Thomas d'Aquin, finissant : *Expla Sancti Thome de iudeis ad comitissam flandrie Feliciter finit*. Ce traité occupe 7 feuillets.

M. Brunet n'indique pas la singularité, bien rare dans les impressions de cette époque, de l'existence d'un *carton* (feuillet 88) qu'on rencontre dans quelques exemplaires du livre d'Albert le Grand, et qui se trouve dans le nôtre. C'est un feuillet de petite dimension, portant de chaque côté 17 lignes de texte, lorsque les pages ordinaires en ont 33 ou 34.

Exemplaire bien conservé : le premier feuillet de la table, placée à la fin du livre, est un peu sali et raccommodé à la marge extérieure, mais facile à restaurer.

54. Rationale divinorum officiorum, a Gulielmo Durando adnotationibus illustratum. *Lugd.*, 1565, in-8°, vélin.

Écritures au titre.

55. Fr. Nauseæ Blancicampiani, Miscellanearum libri duo, pro Horis canonicis et pro sacros. Missa apologeticus. — Libri Mirabilium septem. *Coloniæ apud P. Quentell*, 1531-1532, en 1 vol. in-4°, veau fauve.

La deuxième partie de ce livre, est ornée de 29 belles figures sur bois.

56. P. Le Brun. Explication littérale et histor. de la Messe. *Liége*, 1777, 8 tom. en 4 vol. in-8°, figg., veau rac.

57. (S. Bonaventura) De modo se preparandi ad celebrandum missam. — *S. l. n. d.*, de 8 ff., goth., cart.

Au titre la marque de PIERRE LEVET, imprimeur à Paris, qui a travaillé pendant les années 1485 à 1493.

58. Een christelyck onderwys van den dienst der Missen, van wien eñ wanneer die Misse is inghestelt.... door Th. Maelcote. *Gedruckt tot Loven, by J. Bogaerts*, 1567, in-12, vélin.

Coin de titre restauré.

59. Card. Bona. De la Liturgie ou traité sur la Messe. *Paris*, 1854, 2 vol. in-8°, br.

60. Questions proposées et discutées à l'Académie liturgique de Rome. *Brux.*, 1859, in-8°, 2 livr., br.

61. Bogaerts. Quelques remarques sur les Etudes du chant grégorien, par Th. Nisard. *Malines*, 1856, in-8°, br.

62. Sacrorum rituum Congregationis decreta authentica (1588-1848). *Leodii*, 1850, in-8°. br.

63. Barth. Gavanti. Thesaurus sacrorum rituum seu commentaria in rubricas Missalis et Breviarii romani. *Lugduni*, 1672, 3 part. en 1 vol. in-4°, v. br.

64. F. Herm. Janssens. Explanatio rubricarum Missalis romani. *Antverp.*, 1757, in-8°, v. br.

65. Missale romanum. — *S. l. n. d.*, gr. in-fol., goth. à deux colonnes, ancienne reliure endomm.

Imprimé en rouge et noir, avec le plain-chant noté et de belles vignettes gravées sur bois, enluminées à l'époque. Le canon est orné de deux grandes gravures sur bois, d'un *artiste français*.

Cette édition, sans chiffres ni réclames, compte 190 feuillets, dont le premier est blanc, à 38-39 lignes par colonne. Elle semble être l'œuvre de l'imprimeur allemand, Mathieu Huss, qui a travaillé à Lyon au quinzième siècle. Cette édition n'est pas décrite par *Hain*, ni par *M. Brunet*.

66. ❡ Missale romanum noviter impressum. *Impressum Venetiis, per L.-A. de Giunta, anno* 1504, in 8°, goth. à 2 colonn., avec grandes et petites figg. sur bois, musique notée, v. br.

Édition peu commune. L'exemplaire a une piqûre.

67. Missale romanum. *Antverpiae, Moretus*, 1657, in-8°, rouge et noir, v. br.

68. Missale romanum. *Antverp., Moretus*, 1701, gr. in-fol., figg. sur cuivre, musique notée, couvert de soie rouge, tr. dor.

Exempl. en grand papier.

69. Antiphonaire de Saint-Grégoire, fac-simile du manuscrit de Saint-Gall, VIII° siècle, avec une notice par A.-P. Lambillotte. *Paris*, 1851, in 4°, broché.

70. Pontificale Romanum. *Venetiis apud Juntas*, 1561, in-fol. goth., rouge et noir, figg. sur bois, musique notée, veau brun.

71. Les Epistres et Evangiles, avec les oraisons propres, qui se lisent à la Messe..., par le Rev. pere D. Amelotte. *Suivant la copie de Paris, imprimé à Liége, chez Guillaume H. Streel*, 1675, in-12, v. br.

Ouvrage non décrit dans la *Bibliographie Liégeoise*.

72. Breviaire romain suivant la réformation du Saint-Concile de Trente. *Paris, le Mercier*, 1756, 4 vol. in-4°, en rouge et noir; maroq. rouge ancien, doublé de soie bleue, tr. dor.

Aux armes de DON PHILIPPE, Infant d'Espagne, duc de Parme, et de LOUISE ELISABETH, princesse de Bourbon. — Un volume raccommodé à la reliure.

73. Livre d'Heures du XIVe siècle. Manuscrit sur VÉLIN, avec de petites miniatures en forme de lettres historiées, d'un travail très-délicat, des initiales et de jolies bordures. In-8°, carré, relié en vélin.

74. Heures en latin, du XVe siècle. — Manuscrit sur VÉLIN, orné de QUATRE MINIATURES très-fines, avec bordures fleuronnées et initiales en or ; p. in-32, relié en maroq. rouge.

Joli manuscrit, bien conservé.

75. HEURES DU XVe SIÈCLE, en latin. Manuscrit sur VÉLIN, orné de treize grandes miniatures, entourées de belles bordures, quatre miniatures de plus petite dimension (les Evangelistes) et un grand nombre d'initiales en or dans le texte. Beau volume in-8°, en maroq. vert à large dent., dor. s. tr.

Manuscrit fait dans un des Couvents de l'ancien comté du Hainaut ; de très belle conservation.

76. Heures du XVe siècle. Prières en langue latine, avec les sommaires en français. In-8°, veau antique, sur les plats l'aigle du Saint-Empire ; avec coins et fermoirs en cuivre.

Manuscrit sur VÉLIN, orné de quelques miniatures de petite dimension.

Le nom et la devise d'un propriétaire du volume au XVIe siècle, sont inscrits au premier feuillet.

77. Bethbuchlein, 1559. Livre de prières, manuscrit en allemand sur VÉLIN, p. in-12, de 48 ff., rel. en vélin, tr. dor.

Au verso des feuillets se trouve collée la jolie suite de figures bibliques, gravées sur bois, par Virgilius Solis, anciennement enluminées. — 47 pièces.

78. Prières, oraisons et litanies. Manuscrit sur papier, en ancien maroq. rouge, doublé de papier doré, doré s. tr.

Livre de prières ayant appartenu à *George Louis prince de Berghes, évêque et prince de Liége* ; avec sa signature.

79. Het Gebed des Heeren, in achttien talen. *Leyden, Brill,* 1867, in-4°, cart.

80. Henr. Arnoldus. Litania contra Turcos. — Contra Teucros specialis letania et preces flexis genibus dicende. — *S. l., Anno dñi. M.CCCC.lxxvi* (1476), in-4°, goth., de 4 ff. br.

Pièce curieuse. — *Hain,* n° 1799.

81. Heures a lusaige de Romme. — *Cy fine... ces presentes heures a lusaige de Romme... et furent achevees le xvii jour de fevrier, Lan M.CCCC* (le reste de la date effacé) *pour Symon Vostre demourant a Paris* ; in-8°, goth., à longues lignes, sans bordures, ni encadrements, figg. sur bois, veau marbré.

Imprimé sur VÉLIN, les grandes figures sur bois, de la hauteur des pages, admirablement enluminées et rehaussées d'or.

Edition restée inconnue à M. Brunet. Le premier cahier manque. Bel exemplaire.

82. ❡ DIE GHETIJDEN VAN ONSER LIEVER VROUWE met // vele schoon loven ende oracien. // — (A la fin.) ❡ *Dese onser lieve vrouwen ghetijden met zieere vele schooner loven... zijn gheprēt te Parijs bij Thielman Kerver, voor Gillijs Remacle,* 1505 ; in-8°, goth., nombr. figg. sur bois, riches bordures, en ancien veau.

Exemplaire *non colorié*, bien conservé, d'un Livre d'heures très-rare.

83. ❡ HORE INTEMERATE dei genitricis virginis Ma//rie secundum usum Romane ecclesie.// *Paris., Thielman Kerver,* 1508, in-8°, figg. sur bois, goth., veau fauve à fil:, tr. dor. (anc. rel.)

Exempl. avec les figures noires, en bonne condition.d'un Livre d'heures resté inconnu à M. Brunet. L'édition a 152 ff., avec sign. A-i═Tiiij, par cahiers de 8 ff. Le titre ci-dessus est tiré au verso du dernier feuillet, surmonté de la marque de l'imprimeur.

84. Heures nouvelles, à l'usage de Paris et de Rome (latin-français), par l'abbé Dassance. *Paris, Curmer,* 1841, in-8°, figg. en coul. et sur cuivre, texte encadré, maroq. noir, tr. dor.

85. Livre d'heures ou prières et offices de l'Eglise, illustrées d'après les manuscrits, par Mlle A. Guilbert. *Paris,* 1843, in-8°, goth., figg. sur bois, broché.

86. Office de la Semaine sainte, en latin et en françois, selon le Missel. *Paris,* 1698, in-8°, v. br. tr. dor. avec figg.

Conciles.

87. Dictionnaire des Conciles. *Besançon,* 1822, in-8°. dem. rel.

88. Analyse des Conciles généraux et particuliers, par le Père Richard. *Paris,* 1772, tomes 1 à 3, 3 vol. in-4°, v. br.

89. Histoire chronologique et dogmatique des Conciles de la Chrétienté, par Roisselet de Sauclières. *Janville,* 1851-54, 6 vol. in-8°, brochés.

90. (P. Crabbe, Machliniensis). Concilia omnia, tam generalia, quam particularia ab apostolorum temporibus celebrata. Tomus primus. *Coloniae, P. Quentel,* 1538, in-fol., bordure au titre, veau br.

91. Histoire des Conciles généraux de Nicée. *Paris*, 1692, in-4°, frontisp. v. br.

92. Joan. Cabassutii Notitia ecclesiastica historiarum, Conciliorum et Canonum invicem collatorum... *Lugduni*, 1680, in-fol., vélin.

Théologiens.

93. L'abbé Bergier. Dictionnaire de théologie. *Paris*, 1835, 8 vol. in-8°, br.

94. L. d'Achery. Spicilegium sive collectio veterum aliquot scriptorum qui in Galliae bibliothecis delituerant, nova editio. *Parisiis*, 1723, 3 vol. — Vetera analecta sive collectio veterum aliquot operum et opusculorum... cum annotat. Joan. Mabillon (curante De la Barre). *Ibid.*, *idem*, 1723, ens. 4 vol. in-fol., veau brun.

Le dernier volume de reliure différente.

95. Steph. Baluzius. Miscellanea, hoc est Collectio veterum monumentorum. *Parisiis*, 1678-1713, 6 vol. in-8°, veau br.

96. (Joh. Cassianus). Der ouder Vader Collacie. — (A la fin)... *Gheprint Tantwerpen by mi Michel hillen van Hoochstraten, woenende bider Cammerpoerte op die Lombaerde veste*, 1506, in-fol., goth. à 2 colonn., cart.

Bel exemplaire.

97. Sinte Augustinus Vierighe Meditatien ende die alleenspraken der ziele tot God; ende dat Hantboecxken van der aenschouwinghe Christi... overgheset door Anth. van Hemert. *T'Antwerpen, by my Symon Cock, s. d.*, 4 part. en 1 vol. p. in-8°, goth., figg. sur bois, veau brun.

98. Tractat' beati bernhardi de plāctu bte marie. — *S. l. n. d.*, in-4°, goth., de 6 ff., dem. rel.

Opuscule imprimé à Cologne par Ulrich Zell vers 1470; les caractères sont ceux du petit traité de *Singularitate Clericorum*, de 1467.

99. DLeven van Sinte Bernaert met vier schoone Omelien die hi ghemaect heeft op dat evageliū Missus est angelus gabriel... (à la fin). *Gheprent in die vermaerde coopstadt van Antwerpen bi mi Claes de grave, int iaer ons heeren*, 1515; in-fol., goth., à 2 colonn., figure en bois au titre; dem. veau fauve.

Bel exemplaire, grand de marges. Raccommodage au titre.

100. S. Bonaventura. Stimulus amoris. — *S. l. n. d.* *(Bruxellis, Fratres vitae communis, circa 1480)*, in-4°, goth. de 127 feuill., en parchemin.

Bel exemplaire.

101. S. Bonaventura. Soliloquium sive animæ et hominis interioris dialogus. *S. l. n. d.* *(Antverpiæ, G. Leeu, 1485)*, in-4°, de 45 ff. goth., cart.

V. *Holtrop*, n° 169.

102. Sinte Bonaventure. Hier beghint dat plogus van de vier oefeninghen bonavēture. twelc in latyn is ghehieten soliloquiū bonaventure. — ❡ *Hier eyndet een devoet boexkē... Eñ is gheprent in die vermaerde coopstadt van Antwerpen by my CLAES LEEU den xvij dach vā december Anno Mccccixxxvij* (1487), in-8°, goth., de 106 ff., avec figg. sur bois, dem. veau.

Exempl. très-bien conservé de cette impression fort rare.

103. B. Hieronymus. — Incipit plog' in ordinem vivendi deo. eximij ‖ doctoris Jheronimi ad Eustochiū. — *Explicit ordo sive regula vivendi deo...* (*S. l. n. d.*), in-4°, goth., de 30 ff., br.

Imprimé par Ulrich Zell à Cologne, vers 1470-1472. — Notes marginales à l'encre.

104 Gregorius. — Incipit prologus in pastoralia beati Gregorii pape. — (Au dernier feuillet) *Explicit liber cure pastoralis... Anno* 1482, in-4°, goth. de 108 ff. (le premier blanc), à 27 lignes, vélin.

Bel exemplaire. — Édition non déterminée encore, mais vraisemblablement imprimée à Cologne.

105. Thomas de Aquino. Duodecim quodlibeta disputata. (*Romæ, in S. Eusebii monasterio, per Geor. Lauer, circa annum* 1470), in-fol. de 217 ff. non chiffrés, lettres rondes, en vélin.

PREMIÈRE ÉDITION, sans lieu ni date, à longues lignes, au nombre de 33 sur les pages entières. — Le volume commence par 5 ff. de table et finit par le mot *Explicit*.

Les trois premiers et le dernier feuillets, ont la marge d'en bas récimmargée.

106. — — Questiones de quodlibet fratris Thome deAquino. — *Impressus Coloniæ, per Arn. ther Hoernen,* 1471, in-fol. goth. à 2 colonn., anc. rel.

107. D. Philippi Abbatis Bonae-Spei et D. Bernardo contemporanei Opera omnia. *Duaci,* 1621, in-fol., veau brun.

La quatrième partie renferme les *Vies des Saints du Hainaut,* citées souvent par Ghesquière

108. Albertus Magnus Ratisbon. Summa (et Sermones) de

eucaristie sacramento. — *Presens hec summa edita per Johann. Guldenschaff, anno* 1477 *(Coloniæ)*; in-fol. goth. à 2 colonn., 2 part. en 1 vol., cart.

Exemplaire grand de marges, avec témoins. — Cette impression rare a été vendue 50 fr. à la vente La Vallière.

109. Hieron. Baldung. Aphorismi compunctionis theologicales. — *Actacqz per magistrū Johannem Gruninger ciris Argētiñ. Anno MCCCCxCVII* (1497), in-4°, de 39 ff., lettres rondes, veau fauve.

Ouvrage orné de 10 gravures sur bois trés-intéressantes, par le même artiste qui a illustré le Térence et l'Horace, publiés par Grüninger.

110. Fortalitium fidei christianæ in V libros (per Alphonsum de Spina). In-folio, veau fauve.

Manuscrit du xv° siècle sur vélin et sur papier, orné de grandes initiales à la plume, rubrications. Grand de marges et de belle conservation.

Ce beau volume provient de l'abbaye de Parc, et de la collection de M. de Ram.

111. Liber sacerdotalis seu scutum fidei, opera et studio P. Conr. Boppert. *Brux.*, 1855, 6 vol. in-12, dem. maroq. brun.

112. Mgr. EGIDII CARLERII Sporta fragmentorum et Sportula fragmentorum. — Rationes Andr. Carnificis contra transsubstantiationem corporis B. Johannis, etc. *Impressa in opido bruxellensi ducatus brabantiae. Anno dom. M.cccc. lxxviij* (1478-1479), 2 part. en 1 vol. in-fol., goth., à longues lignes, dem. veau fauve.

Imprimé par les *Frères de la Vie Commune*, les plus anciens imprimeurs de Bruxelles. — Cet ouvrage renferme plusieurs chapitres, entièrement imprimés en *français.*

Très bel exemplaire.

113. Lotharii diaconi cardin. Liber miserie conditionis humane. — Joh. Nider, tractatus de contractibus mercatorum. — *S. l. n. d. (Lovanii, J. de Westfalia, c.* 1486), in-4°, de 74 et 29 ff., goth., cart.

La deuxième partie seule de ce livre (commençant avec la signature K-5) a été décrite par M. Holtrop.

Voir le *Catalogue de la Haye*, n° 122.

114. Refrigerium anime peccatricis. *S. l. n. d. (Strasbourg, vers* 1500). — Orationes sanctæ Brigittæ, cum oratione S. Augustini. *S. l. n. d.*, lettres rondes. — Libellus introductorius in vitam contemplativam... auct. P. Petro Leydense *(Coloniae) Anno* 1527. — Arnoldo de Tungri et Joh. de Huesden. in contemplativa vita.... *Anno* 1528; en 1 vol. p. in-8°, avec figg. sur bois, veau fauve.

115. (Laurentius, [Ord. praed.]) SUMME LE ROY of des co-
nincs summe. Overgheset uten franchoyse in duytsche door
Jan van Brederoede (Jan van Rode). — *Gheeyndt ende vuldaen
in die printe te delf in Hollant. Int iaer ons heren.* 1478;
in-4°, de 200 ff., goth.; veau fauve, fers à froid à l'antique
(*Schavye*).

M. Holtrop a décrit ce livre, comme n'ayant que 198 feuillets de texte :
notre exemplaire en a 200.

Très-bel exempl., sauf un léger raccommodage à la marge supérieure
du premier cahier.

Au verso du dernier feuillet se trouve la marque des imprimeurs *Jac.
Jacobsz. van der Meer* et *M. Yemantszoon.*

116. (Theob. Anguilb. Hybernensis) Mensa philosophica. —
Joh. Gerson, de modo vivendi omnium fidelium. — Id., de
preceptis decalogi, de confessione et de arte moriendi. (*Lovanii Joh. de Westfalia, circa* 1481-1486), 3 part. en 1 vol.
in-4°, goth. cart.

La dernière partie de ce volume, n'est pas décrite par M. Holtrop. —
Tâche aux premiers feuillets.

117. GUILLERMI Parisiensis. RHETORICA DIVINA. (*Gand,
Arnaud de Keysere*, 1483), in-4°, goth., dem. rel.

Bel exemplaire, sauf une légère mouillure, d'un ouvrage *très-rare.*
M. van der Haeghen en donne une longue description dans son excel-
lent livre *la Bibliographie Gantoise* I, 13.
Le premier feuillet, qui est blanc, a été découpé ici.

118. Libellus de modo confitendi et penitendi. (A la fin).
❡ *Impressum Antwerpiae anno domini Mcccc.xcviij* (1498,
per Godefr. Back), in-4°, goth. de 22 ff., cartonné.

Figure sur bois au titre. Exempl. grand de marges, mais ayant le premier feuillet raccommodé.

119. D. Erasmus. Exomologesis sive modus confitendi. —
De contemptu mundi epistola. — *Antverp., apud Mich. Hille-
nium,* 1524-38, 2 vol. — De præparatione ad mortem. *Ibid., J.
Steelsius,* 1538; ens. 3 vol. in-8°, cart.

120. — — Van die versmaetheyt des werelts, eenen brief.
— Noch van dye ghelyckenisse van eender maghet eñ eenen
martelare, etc. — *Gheprent Thantwerpen, by mi Symon Coch,
s. d.,* in-8°, goth., dem. rel.

121. Den kersteliken Ridder gemaect van Erasmus van
Rotterdam. — ❡ *Hier cyndet dat enchiridion van den kersten
ridder. Gheprent Tantwerpen bi mi Jan van ghelen,* 1523, in-8°,
goth., en vélin.

Exemplaire bien conservé d'une édition rare, parce qu'elle a été sup-
primée par l'ordonnance de 1550. — Les lettres rouges du titre sont un
peu effacées.

122. RODERICUS Zamorensis. — Incipit liber dictus Speculum vite humane. — *Finit liber dictus Speculum... a Ginthero Zainer... Augustensi... deditus : anno* 1471, in-fol., goth. à longues lignes; relié en veau fauve, fers à froid, à l'antique.
Très-bel exemplaire de cette rare édition.

123. ❧ Le livre de la femme forte et vertueuse declaratif du cantique de Salomon es proverbes au chapitre qui se commence : Mulierē fortem quis inveniet... composé par ūng religieux de l'ordre de Fontevrault.... *Imprimee a Paris pour Jehan Petit, s. d.*, in-12 carré, goth., dem. rel.
Bel exempl., grand de marges.

124. Joh. Gerson. Tractatulus de pollucione nocturna.—De cognicione castitatis et pollucionibus diurnis. *S. l. n. d. (Coloniæ, Ulr. Zell, circa* 1467), in-4°, goth., de 33 ff. à 27 lign., en vélin.
Première édition, rare et recherchée, de ces traités curieux. — Bel exempl. ayant le feuillet blanc au commencement.

125. De laude caritatis. — (*Sans lieu, ni date*), in-4°, goth., de 8 ff., cart.
Imprimé par *Matthys van der Goes, à Anvers, vers* 1485. Édition non décrite. — Bel exemplaire.

126. Nicetas seu triumphata incontinentia, auctore. Hier. Drexelio. *Monachii,* 1628, p. in-32, allongé; maroq. vert à compart. tr. dor. (*Mesmaecker*).

127. Een devote oefeninghe vāder Verrisenisse ons heeren... Eñ daerop te lesen eenen Rosenhoet. — *Gheprent Tantwerpen bi mi Michiel van Hoochstraten, s. d.*, in-12, goth., de 8 ff., cart., avec 7 figg. sur bois.
Exempl. un peu court de marge.

128. Dit is een devoot Boecxken van de neghen Chooren der Engelen.... *s'Hertoghenbosch by Jan Scheffer, s. d.*, goth. — Een Roosen Hoetken. (*Ibid. id.*), en 1 vol. p. in-8°, fig. sur bois, cart.

129. Hie hebt sich an das aller nuczlichest Buch genant die Vyer und zwainczig Guldin Harpffe... durch bruder Hainrichen zu Nurenberg geprediget.... — (*Sans lieu, ni date*), in-folio, goth. de 172 ff. à 28 lignes, reliure du temps avec lanière et fermoir en cuivre.
Première et très-rare édition imprimée à ULM par JOH. BAMLER, vers 1470, elle passe pour être le premier livre imprimé par ce typographe. — L'exempl. est fort beau et grand de marges : les deux premiers feuillets ont une piqûre de vers.
Au verso du 3ᵐᵉ feuillet, qui est blanc, on voit deux curieux dessins à la plume et coloriés, du xvᵉ siècle; l'un représentant la Mort de la Vierge, l'autre l'Agneau divin.

130. DE QUATUOR NOVISSIMIS, ou les quatre choses dernieres auxquelles la nature humaine doit toujours penser (trad. du latin de Denis de Leeuwis, en vers et en prose par Thomas le Roy, moine de S¹ Martin à Tournay). (*Au dernier feuillet*)
*Pryez po' limpresseur de ce livre tres excellent
A Audenarde impresse | po' instruire toute gent.*
(*AUDENARDE, PAR ARNAUD DE KEYSERE, s. d.,* 1480-83) in-4°, goth., avec 4 figg. sur bois, veau racine à dent., tr. dor.

Livre *extrémement rare*, dont on ne connaît que deux autres exemplaires, l'un à la Bibliothèque de l'Université de Gand, l'autre à la Bibliothèque Royale de Bruxelles ; ce dernier imparfait.
Bel exemplaire, grand de marges, ayant une tache à quelques feuillets et deux coins de marge blanche enlevés. Malheureusement il lui manquent trois feuillets de texte. C'est le seul exemplaire qu'on ait vu passer en vente publique, depuis la vente du duc de La Vallière.

131. (Thomas à Kempis). DE IMITATIONE CHRISTI, libri IV. — (*Aug. Vindelic.*) *per G. ZAINER ex Reutlingen impssi* (*circa* 1471), in-folio, goth. de 76 ff. non chiffrés, en vélin.

PREMIÈRE ÉDITION, très rare, de ce livre célèbre.
Bel exemplaire, grand de marges. Un feuillet un peu restauré.

132. Thomas à Kempis. L'Imitation de Jesus, traduite par Ph. Chifflet. *Anvers, Morelus,* 1644, in-8°, frontisp., vélin.

Un feuillet (pp. 81-82) decoupé.

133. Navolginghe Christi. Hoemen alle ydelheyt deser werelt versmaden, der sonden sterven, eñ Christum navolghen sal... door Thomam de Kempis. *Tantwerpen, by Jan van Waesberghe,* 1565, in-8°, goth. en vélin.

Édition peu commune.

134. Joh. Gerson. De Imitatione Christi et de contemptu omnium vanitatum mundi. — *Lovanii, Joh. de Westfalia,* in-4°, (circa 1486), de 90 ff., goth. à 30 lignes par page, br.

Cette édition diffère de celle décrite par *M. Holtrop* (n° 118) par le nombre de feuillets et par la souscription à la dernière page.

135.   Die geistlich Strass bin ich genam
      Im leyden Christi wol bekant....
(à la fin) *Gedruckt und volendet in Nurnberg durch Jobst Gutknecht,* 1521, in-4°, goth., bordure au titre et 16 estampes sur bois ; veau fauve, fers à froid.

Bel exemplaire de ce livre curieux.

136. Le P. Séraphin. Grandeurs et apostolat de Marie, ou la cité mystique de la vénérable Marie de Jésus (d'Agreda). *Paris,* 1860-65, 6 vol. in-8°, dem. rel. maroq.

137. W. van Branteghem. POMARIUM MYSTICUM tum novorum tum veterum fructuum, animæ christianæ... — *Excudebat Guilhielmus Vostermanus typogr. Antverpiæ*, 1535, p. in-8°, en vélin.

Avec une centaine de gravures sur bois, grandes et petites, qui font rechercher cet ouvrage.

138. Les Saincts devoirs de l'ame devote, où la maniere d'employer le jour... est enseignee. *Paris*, 1648, in-12, figg., maroq. olive, compart. à petits fers (genre Le Gascon), tr. dor.

Trois planches curieuses ornent ce volume. La première représente la Sainte Vierge, sous les traits de la Reine Anne d'Autriche : la 2e, Jesus, sous le portrait de Louis XIV, jeune, et la 3e, un autre portrait de la Reine.

139. Reflexions sur la misericorde de Dieu, par sœur Louise (duchesse de La Vallière). *Brusselle, chez Foppens*, 1712, in-12, portr., veau br.

140. Merlo Horstius. Paradisus animæ christianæ. *Col. Agripp., Balth. ab. Egmondt*, 1683, in-8°, figg. sur cuivre, maroq. n., tr. dor.

141. Le Miroir qui ne flate point, par le Sr. de la Serre. *Bruxelles, Schoevaerts*, 1632, in-4°, figg. montées, v. br.

142. Phil. Bosquier. Le fouet de l'Academie des pecheurs, bastie sur la famine du prodigue evangelic. *Arras, la Rivière*, 1597, p. in-8°, veau brun.

Rare et curieux.

143. (Fénélon) Reponse de M. l'archeveque de Cambray à l'écrit de M. l'Eveque de Meaux, intitulé : Relation sur le Quiétisme. *S. l. n. d.*, p. in-8°, 2 part. en 1 vol., v. br.

Édition originale.

144. V. Deschamps. Le Christ et les Antechrist. *Tournai*, 1858, in-8°, br.

145. L'abbé du Clot. La Bible vengée des attaques de l'incrédulité. *Paris*, 1837, 3 vol. in-8°, br.

146. Thomas Illyricus. ¶ Epistola fratris Thome Illyrici... pro defensione nominis Jhesu directa ad sacrum Senatum Tholosanum. — ¶ *Exaratum Tholosae in vico portae Arietis per Joannem magni Joannis. Sumptibus vero Joannis Fabri calcographi...* (1519), in-4°, de 4 feuillets, lettres rondes ; figure sur bois au recto et au verso du titre, cartonné.

Très-bel exemplaire, avec témoins. M. Brunet n'a pas connu cet opuscule curieux.

147. Abiuratio multorum errorum hæreticorum, edita a D. J. M. Gryllo. *Antverp., ex offic. Chr. Plantini*, 1569. — Preparatio pacificationis controversiarum... per Joh. Gordonium. *Rupellæ.* 1619, en 1 vol. p. in-8°, dem. v.

Voyez pour la première pièce, *Annales Plantin.*, p. 93.

148. Confession de foy faicte par H. S. du Rosier avec abiuration et detestation de la profession Huguenotique... *Paris, chez Seb. Nivelle*, 1573, in-8°, cart.

149. Lettre de Mad. de Courville (Anne de Fromontières) sur le sujet de sa conversion et sur la fuitte du sieur du Moulin. *Paris*, 1617.— Excommunication de l'Eglise romaine fulminee contre les fauteurs de l'heresie de Calvin. *Ibid.*, 1618.—Ample et fidelle narré de l'heureuse conversion de Pierre Marcha (à S¹ Ouen). *Ibid.*, 1618.— Le petit anti-Huguenot, par le P. Ange de Raconis. *Ibid.*, 1618. — Les quatre Ministres de Charenton baillonnez. *Ibid.*, 1618. — Les actes de la Conference du Sr. de Raconis et de du Moulin. —Conférence du P. Veron avec le Sr. Daillé, ministre de Charenton. *Ibid.*, 1618. — Le martyre souffert par un archiprestre en Valteline. *Ibid.*, 1619, en 1 vol. p. in-8°, d. v.

Piqûre à la marge extérieure.

150. Le Coq à l'asne, au lieu de responses faict par un Ministre Calvinien (Agard) aux demandes de mess. Ch. de Claveson. *Lyon, Jean Pillehotte*, 1587. — Conference sur certains points controverses entre Julien Boucher et Pierre Agard, ministre, au chasteau de Triors. *Ibid.*, 1585, en 1 vol. p. in-8°, d. v.

151. Oorspronck ende teghenwoordighen staet van de Calvinische secte... Aen den Eerweerdichsten Heere Mathias Hovius, Artschbischop van Mechelen ; (signé) *U. D. E. oodtmoedighen Dienaer* R. V. (Rich Verstegen?). — *S. l. n. d.*, placcard-in-folio, un peu restauré aux bords.

Pièce violente contre les Protestants. Au milieu, le portrait de Calvin, gravé sur cuivre, dans le genre de C. Galle ou des Wierix — avec entourage de petits sujets.

L'explication est imprimée aux deux côtés et au-dessous du portrait, en 2 et en 4 colonnes. — A gauche du portrait dans l'article intitulé : « *Van Joannes Calvinus*,» le pamphlétaire rapporte les accusations (non prouvées du reste) de Bolsec et de Lessius.

Cette pièce imprimée sans doute à Anvers, chez Abraham Verhoeven, doit avoir vu le jour vers 1620; il manque une ligne de texte en bas de la feuille.

152. Le portraict de l'heresie, representant au vif les diverses humeurs des heretiques et de leurs adherens. *S. l.*, 1613, in-8°, cart.

153. Dictionnaire des hérésies, des erreurs et des schismes (par Pluquet). *Besançon*, 1817, 2 vol. in-8°, br.

---

154. Joh. Chrysostomus. Sermo super Psalmum Miserere mei, etc. (à la fin) *Explicit Crisostimus sup. Miserere mei de deo laus. (Coloniæ, Ulr. Zell)* de 29 ff. à 27 lignes, in-4° goth., cart.

Hain, 5031.

155. S. Bernardus Sermonen (winter-ende somerstuck.). — *Dit boeck is gheeyndet to Zwolle... bi mi Peter Os van Breda,* 1495, p. in-fol., goth. à 2 colonn., figg. sur bois, basane, fers à froid (*Schavye*).

Très bel exemplaire : les figures sur bois très-intéressantes qui ornent le texte, sont *non coloriées*; le titre manque.

156. Sermo doctoralis sume devot' ac fructuosus... de passiõe dm cũ quatuor evãgelistar' cõcordãtia. — *Explicit collectura... Anno* 1477 (*Coloniae, Ulr. Zell*), in-4° goth , dem. veau.

Bel exemplaire.

157. Sensatus. Sermones multum edificativi. — *Sermones sensati multũ edificativi et multis xpi fidelib' dei dono pfecturi p. Gerardũ Lecu in Gouda arti impressoria sunt completi. Anno* 1482, in-fol. goth., dem. veau fauve et coins, à l'antique.

Très-bel exemplaire.

158. Suileberti (Guilleberti) Tornacensis Sermones. *In Universitate Lovaniensi, Joh. de Westfalia, s. a. (1481-83),* in-fol. goth., à longues lignes, cartonné.

Avec le feuillet blanc au premier cahier; celui de la fin manque. Ex. grand de marges.

159. Sermones aurei de Sanctis. Fratris Leonardi de Utino, ordin. predicat. — *S. l. n. d.,* in-fol., lettres rondes, in-fol. en vélin.

Impression très-rare, sorti des presses du *Monastère des SS. Udalric et Affer d'Augsbourg,* en 1474.
Très-bel exemplaire.

160. Leonardi (de Utino) Quadragesimale quod sertum fidei intitulatur. (*Daventriae, Rich. Paffroet, circa* 1480), in-fol. goth., à 2 colonn., en vélin.

Exempl. grand de marges, quelques feuillets un peu tachés d'eau.

161. Caracciolus (Robert. de Licio). Sermones de laudibus sanctorum. — *Impressum Antverpiæ per Gerardum Lecu, anno* 1490, in-4°, goth., anc. rel.

Ecritures au titre.

162. Fr. Michælis Menoti Sermones quadragesimales. —
Item, tractatus de federa et pace ineunda. *Paris., P. Viart,
s. d.*, goth., p. in-8°, vélin.

Très-bel exemplaire. Sermons recherchés à cause des passages bouffons
qu'on y trouve.

163. Les femmes de l'Evangile, homélies, par le P. Ventura
de Raulica. — La femme catholique (par le même auteur),
2 vol. *Paris*, 1854-1855, 3 vol. in-8°, en maroq. à comp., dor.
s. tr.

Écrits de Théologiens protestants.

164. Acta Academie / Lovanieñ. contra / Lutherum. (Fin du
3ᵐᵉ feuillet) *Datum Lovanij die octavo Octobris. Anno* 1520 ;
in-4°, de 4 ff. goth., en vélin.

Cette pièce satirique, très-curieuse et non décrite, porte à l'intérieur, le
titre courant « *Acta semideorum Lovaniensium.* » — A la dernière page, un
sonnet, avec la souscription suivante : *Formis excudebat H. M. civis Uto-
piensis.* Cette-pièce paraît imprimée en Hollande.

165. Lutherana. — Collection de 70 dissertations historiques
et théologiques des xvii et xviiiᵉ siècles, concernant Luther, la
Réforme et les principes religieux des amis du Reformateur,
in-4°, brochés.

Parmi ces opuscules se trouve le *Bulla Leonis X contra errores Martini
Lutheri*, en édition du temps, et deux traités avec les portraits de Luther
et celui de sa femme, gravés d'après des tableaux anciens.

166. — — Disputatio Doctor. Joh. Eccii et Andr. Carolo-
stadii ; dispat. ejusd. et D. Mart. Lutheri. *S. l. n. d.*, (*Leipzig,
vers* 1520), en 1 vol. in-4°, d. v.

167. (Jacobus von Hypern). Ain geschicht wie etliche Dit-
marschen den christlichen prediger Heinrich von Zutfeld iemer-
lich umb gebracht haben, M.D.xxv. (*Sans lieu*), in-4°, avec une
curieuse figure sur bois au titre, cart.

Plaquette rare.

168. Bekandtnis und Rechenschaft von den Heuptpuncten
dess Christlichen Glaubens, Caspar Schwenckfeldt. *S. l.* 1592,
in-4°, vélin.

169. Canon des eglises reformees de France arresté au Sy-
node tenu à Alez és Cevennes. *S. l.* 1621. — Tres humbles remonstrances au Roy par les deputez des Eglises reformees de
France. *La Rochelle*, 1621. — Lettre de MM. de l'Assemblee au
Duc de Lesdiguieres. *Ibid.*, 1621. — Manifeste des églises reformees, de la persecution qui leur est faicte, *Ibid.*, 1621 ; en
1 vol. p. in-8°, d. v.

170. Advis et devis de la source de lidolatrie et tyrannie papale, par quelle practique et finesse les Papes sont en si haut degre montez, par Fr. Bonivard. *Geneve, J. G. Fick,* 1856, in-8°, en parchemin, non rogné.

171. L'anti-barbare ou du langage incogneu : tant es prieres des particuliers qu'au service public, avec les causes principales de la Messe... par Pierre Du Moulin. *Genève, P. Aubert,* 1630, in-8°, cart.

Rare.

172. (Pierre Du Moulin.) Eaux de Siloé pour esteindre le feu du Purgatoire contre lés raisons d'un Cordelier Portugays qui a presché à S. Jacques de la Boucherie. *S. l.,* 1603, p. in-8°, d. v.

173. Entretiens de quatre femmes en leur voyage de Charenton. *Paris, Brunet,* 1633, p. in-8°, d. v.

Dialogues sur un sermon prêché par un Ministre protestant.

174. Arrest du Senat de Savoye sur le faict de la Religion. *Paris,* 1562. — Apologie de Ch. du Moulin, contre un livret intitule la deffence de l'eglise de Christ. *Lion, par Jan de Tournes,* 1563, en 1 vol. p. in-8°, d. v.

175. De Byen-Corf der H. Roomscher Kercke, door Ph. Marnix van St Aldegond. *Amsterdam,* 1657, p. in-8°, frontisp., vélin.

176. — — Gereinigter Bienen - Korb der H. Römischen Kirche, mit dem Leben des auctoris. *Amsterd.,* 1733, p. in-8°, portrait, cart.

Édition peu commune.

177. Meditations on life and its religious duties, translated by Fr. Rowan. *London,* 1863, p. in-8°, toile.

178. Méditations sur la vie et ses devoirs religieux. — Méditations sur la mort et l'éternité. *Paris,* 1864, 2 vol. in-8°, dem. maroq. bleu, avec coins.

179. Liturgie de l'Eglise évangelique. *Bruxelles, Wahlen,* 1830, gr. in-8°, pap. vélin, cart.

Tiré à 100 exemplaires, et seule édition française.
Cet opuscule a été composé et imprimé par un typographe de 14 ans (Wahlen - jeune).

Écrits de Libres-penseurs, Encyclopédistes, etc.

180. Le Ciel reformé, traduction du livre Spaccio della bestia trionfante (de Jordano Bruno). *S. l.,* 10070050, in-12, v. br.

181. L'Evangile de la raison, ouvrage posthume (par Dulaurens). *Londres*, 1764, 3 part. en 1 vol. in-12, dem. maroq. vert et coins.

Rare.

182. Antoine Gavin. Le passe-par-tout de l'Eglise romaine ou histoire des tromperies des moines en Espagne. *Londres*, 1726, 3 vol. p. in-8°, dem. maroq. brun, avec coins.

183. Le pot au noir. *Londres*, 1788, in-8°, dem. maroq. brun, avec coins.

184. (Anach. Cloots). La certitude des preuves du Mahométisme, ou réfutation de l'examen critique des Apologistes de la religion mahométane, par Ali-Gier-Ber. *Londres*, 1780. — Lettre sur les Juifs. *Berlin*, 1783, en 1 vol. p. in-8°, dem. maroq. brun avec coins.

185. Le ciel ouvert à tout l'univers, par (Dom Louis, ex-Benediction). *S. l.*, 1782, in-12, br.

186. Discours histor. sur l'Apocalypse. *Londres*, 1770. — Thom. Crudeli, pensées philosophiques. *Ibid.*, 1777. — La religion détruite ou le christianisme devant le bon sens (*Brux.*), ens. 3 vol. in-12, br.

187. Eloge de l'enfer (par Bernard). *La Haye*, 1759, 2 vol. in-12, figg. v. br.

188. Discours sur les Miracles de Jesus-Christ, traduits de l'anglois de Woolston (par d'Holbach). *Dix-huitième siècle*, 2 vol. p. in-8°, brochés.

189. L'école de l'homme ou portraits du siècle (par François Génard), *Londres*, 1762, 2 vol. — L'Arretin (par Dulaurens) ou la débauche de l'esprit en fait de bons sens. *Rome*, 1772, ens. 3 vol. p. in-8°, brochés.

JURISPRUDENCE

190. Corpus juris civilis. *Amsterd., Blaeu et Elzevier*, 1664, 2 vol. in-8°, maroq. rouge à comp., tr. dor.

Bel exemplaire de l'édition recherchée, la bonne avec la faute.

191. Joh. Nider. Tractatus de contractibus mercatorum. — (A la fin). *Et sic Est finis huï opis. S. l. n. d.* p. in-fol. goth. de 16 ff., cart.

Imprimé par CONRAD FYNER, à *Esslingen*, vers 1470. — Très beau spécimen des impressions rares de ce typographe.

192. Nicolai Panormitani (de Tudeschis) Practica de modo procedendi in judicio. *In universitate Lovaniensi, Johannes de Westfalia*, 1475, in-fol. goth. à 2 colonn., dem. rel.

Superbe exemplaire, rempli de témoins. Les feuillets blancs (du commencement et de la fin du livre) ont été découpés.

193. Jan Bottelgier heeft dit boeck gemaect gheheeten Somme ruyrael. Sprekende van allen rechten. *Geprint Thantwerpen inden jare M.CCCCC. en iij.* (1503), *by mi Henric Eckert van Homborch*, in-fol. goth. à 2 colonn., reliure antique.

Bel exemplaire.

194. S. Baluzius. Capitularia regum francorum. *Parisiis, Muguet*, 1677, 2 vol. in-fol., veau br.

195. Ordonnances royaulx nouvellement publies a Paris de par le roy Loys XIIe de ce nom. L'an 1499. (*Marque de Andr. Bocard, au titre*); p. in-fol. goth. peau de truie.

De 22 ff. — Le *Manuel* ne cite aucun prix d'adjudication de ce livre rare.

196. Recueil Manuel, contenant le tableau des successions, la coutume de Paris, les principales lois et ordonnances. *Paris*, 1785-88, 16 tom. en 14 vol. p. in-12, maroq. rouge à fil, tr. dor.

Deux volumes sont reliés en veau écaille, tr. dor. — Le tome III manque.

197. J. B. Pailliet. Manuel du droit civil, commercial et criminel. *Bruxelles*, 1840, 2 vol. gr. in-8°, dem. maroq. bleu.

198. M. Troplong. Du prêt, du dépot et du séquestre et des contrats aléatoires. *Bruxelles*, 1845, gr. in-8°, à 2 colonn., dem. v. bleu.

199. Théorie du Code pénal par Ad. Chauveau et Hélie Faustin. *Bruxelles*, 1837, 4 tom. en 2 vol. gr. in-8°, dem. v. bleu.

200. Mémoire à l'appui du projet de loi sur les Prisons (par M. Ducpétiaux). *Brux.*, 1845, gr. in-8°, avec figg.; dem. veau.

201. Discussions de la loi du 2 mai 1837, sur les Mines, mises en ordre par M. Chicora. *Bruxelles*, 1858, 2 vol. in-8°, br.

---

202. Fr. L. Ferraris. Prompta bibliotheca canonica, juridica, moralis, theologica. *Hag. comit.*, 1781-841, 8 vol. in-4°, portr., veau br.

Bel exemplaire.

203. Collectio Brevium atque instructionum Pii Papae VI. *Juxta exempl. impr. Romae*, 1800, 3 vol. in-12, veau.

204. Gregorius IX papa. — Compilatio Decretalium (cum comment. et additam. Hieron. Clarii Brix.). — *Venetiis per Baptistam de Fortis*, 1494, 2 vol. gr. in-fol., goth., rouge et noir, première reliure d'ais en bois, recouverts de veau gaufré.

De très belle conservation.

205. Joh. Gallensis. Summa collationum. (*Augsburg, Anth. Sorg*, 1475), in-fol., goth. anc. reliure.

Bel exemplaire : une piqûre à la marge de quelques feuillets.

206. Franc. de Platea. Incipit opus restitutionum utilissimum a Francisco de Platea... editum. *Venetiis, Joh. Colonie agrip. ac Joh. Mathen de gherretzhem, anno. M.cccc.lxxvij*, (1477), in-4°, goth. à 2 colonn., en vélin.

Bel exemplaire. Quelques notes marginales.

207. Guigonis, prioris Carthusiae. Statuta et privilegia ordinis carthusiensis. — *Ex officina nostra litteraria : Basileae* (*Amorbachius*), 1510, in-fol. 5 part. en 1 vol., goth. avec figg. sur bois, veau fauve à comp.. tr. dor.

Très bel exemplaire, grand de marges. — Voyez sur ce livre rare, *Clément, Bibliogr. curieuse, tom. VI*, p. 315. — Cet exempl. provient de l'ancienne collection De Cordes.

208. — — Le même ouvrage. *Ibid.*, *idem*, 1510; in-folio, figg., en ancienne reliure, maroquin olive à fil., tr. dor.

Autre bel exemplaire de ce livre curieux ; il provient de la bibliothèque de GIRARDOT DE PREFOND, ayant à l'intérieur la marque et le blason de cet amateur célèbre. Reliure bien conservée.

209. DYALOGUS super libertate ecclesiastica inter Hugonē decanum et Oliveriū burgimagistrū et Cathonem secretarium interlocutores theneñ, (et 7 autres petits traités). *S. l. n. d..* (*GAND, ARNAUD DE KEYSERE*, 1483-89) in-4°, goth., de 92 ff. goth., veau écaille à fil.

Très bel exemplaire de ce livre rare.
Voyez *Bibliographie Gantoise*, I, 18.
Exemplaire conforme à la description de M. Van der Haeghen ; sans le premier feuillet, qui est blanc.

210. L'autorité des deux puissances. *Strasbourg*, 1780, 3 vol. in-8°, dem. rel.

SCIENCES DIVERSES

211. ENCYCLOPÉDIE CATHOLIQUE, répertoire universel des sciences, des arts et des métiers, par l'abbé Glaire, M. de Walsh, et autres. *Paris*, 1845-48, 18 vol. gr. in-4°, brochés.

Ouvrage estimé.

212. H. C. Agrippa. De incertitudine et vanitate scientiarum, declamatio invectiva. *Coloniae*, 1568, in-12, v. br. avec portraits.

213. De la Sagesse, trois livres par Pierre Charron. *Leyde, chez Jean Elzevier*, 1646, in-12, frontisp., maroq. rouge à nerfs, tr. dor.

Bel exempl. en reliure neuve. Haut. 131 millim.

214. La philosophie du bons sens par le Marquis d'Argens. *La Haye*, 1747, 2 vol. — Collins, la liberté de penser. *Londres*, 1766, 2 tom.. ens. 3 vol. p. in-8°, veau.

215. Les Mœurs (par Toussaint). *Amsterd.*, 1748, in-12, frontisp., v. br.

216. Œuvres philosophiques de M. Hume. *Londres*, 1764, 6 vol. in-12, v. m.

217. Des differens et troubles advenans entre les hommes par la diversité des opinions en la religion, par Loÿs le Roy. *Paris, Fred. Morel*, 1562, in-8°, cart.

218. Ars sophistica (per Stephanum de Monte). *S. l. n. d.*, in-4°, de 12 feuillets avec sign., cart.

Impression de la fin du xvᵉ siècle, non décrite par Hain.

219. Le Sage resolu contre la bonne et la mauvaise fortune, par Fr. Petrarque. *Bruxelles, Foppens*, 1660, 2 vol. gr. in-12, frontisp. vélin.

Édition rare, qu'on ajoute aux collections elzeviriennes. *Pieters*, p. 458.

220. Muratori. Opere varie. *Lucca et Venezia*, 1749-74, 5 v. in-8°, v. m.

Della pubblica felicita. — Della carita cristiana. — Della forza della fantasia umana. — Delle forze dell' intendimento umano. — La filosofia morale.

221. Th. Braun. Cours pratique de pédagogie et de méthodologie. *Bruxelles*, 1852-53, 2 vol. in-8°, br.

222. Tractatus pulcherrimus Enee Silvii... de curialium miseria. — (A la fin) *Libellus Enee Silvii de curialium miseriis Finit. Anno salutis MCCCCLXXV*, in-4°, de 22 ff., à 29 lignes; lettres rondes, cart.

Hain, *Repertorium*, n° 203. — Cette édition sans nom d'imprimeur, paraît sortir de l'officine romaine de Barth. Guldinbeck. Exempl. taché.

223. Est. Jun. Brutus: De la puissance legitime du Prince sur le peuple, et du peuple sur le Prince (trad. par Fr. Estienne). *S. l.*, 1581, in-8°, dem. v.

Volume assez rare. Un peu court en tête.

224. De l'authorité du Roy, et crimes de leze maieste, qui se commettent par ligues, et libelles escrits contre la personne du Prince. *S. l.*, 1587, p. in-8°, d. v.

225. De Utopie van Thomas Morus, Cancellier van Enghelant : Een boeck seer profijtelijck ende vermakelijck om lesen.... *Gheprint Thantwerpen in de Camerstrate by Hans de Laet*, 1553, p. in-8°, goth., en vélin.

Première édition flamande.

226. Em. Swedenborgh. Principia rerum naturalium, cum figg. aeneis. *Dresdae*, 1734, 3 vol. in-fol., figg. v. br.

227. J. Baille. L'électricité. — Les Chemins de fer. — Diamants et pierres précieuses. — Les merveilles de l'art naval. *Paris*, 1866-69, 4 vol. gr. in-12, figg., toile dorée.

228. Faujas de Sᵗ Fond. Description des expériences de la machine aérostatique de MM. de Montgolfier. *Paris*, 1784, in 8°, figg. br.

229. Athan. Kircher. Mundus subterraneus, in-XII libros dig. *Amstelod.*, 1678, 2 vol. in-fol., nombr. figg., v. br. (reliure endomm.).

230. C. J. Davreux. Essai sur la constitution géognostique de la province de Liége. *Bruxelles*, 1833, in-4°, figg. cart.

231. Faujas de Saint-Fond. Recherches sur les volcans éteints du Vivarais et du Velay. *Grenoble*, 1778, gr. in-fol., figg. sur cuivre, v. br.

232. Traité de l'exploitation des Mines de houille, par A. T. Ponson. *Liége, Noblet*, 1852-54, 4 vol. in-8°, et atlas in-folio., brochés.

Exemplaire comme neuf.

233. David Jeffries, jouaillier. Traité des diamants et des perles. *Paris*, 1753, in-8°, figg. sur cuivre, v. br.

234. A. SEBA, DESCRIPTION EXACTE des principales curiositez naturelles du magnifique cabinet d'Albert Seba. *Amsterdam*, 1734-65, 4 vol. tr. gr. in-fol., figg. sur cuivre, veau raciné.

Avec plus de 400 planches, qui font rechercher cet ouvrage. Texte en latin avec la traduction en français.

235. Histoire naturelle de la Caroline, de la Floride et des îles de Bahama, contenant des dessins des oiseaux, des poissons, des plantes, etc., par Marc Catesby. *Londres*, 1754, 2 vol. gr. in-fol., avec 220 planches color., veau rac.

Ouvrage fort curieux et d'une belle execution. Cette édition, la deuxième, est augmentée et revue par Edwards : on la préfère à celle de 1731.

Texte en français et en anglais.

236. Elemens de Botanique, ou méthode pour connoître les Plantes, par Pitton Tournefort. *Paris, impr. royale*, 1694, 3 v. in-8°, figg. sur cuivre, anc. maroq. rouge à large dent., tr. dor.

Bel exemplaire.

237. Commentaires de Matthiole sur les six livres de Dioscoride, de la matiere medecinale : avec divers pourtraits de fourneaux, pour distiller les eaux. *Lyon, G. Roville*, 1572, in-fol. figg. sur bois color., v. br.

Quelques taches d'humidité sur les bords.

238. Plantae per Galliam, Hispaniam et Italiae observatae a Jac. Barreliero ; opus posth. accurante A. de Jussieu editum. *Parisiis*, 1714, in-fol., avec 1327 figg. sur cuivre, veau rac.

239. G. E. Rumphius. Herbarium Amboinense... het Amboinsche kruid-boek, uitgegeven door J. Burmann. (Texte latin et holland.). *Amsterd.*, 1741-50, 6 vol. in-fol., avec un très grand nombre de figg., dem. rel., non-rognés.

240. Herbarum, fruticum ac leguminum quorum in medicinis usus est... (Latin et allem.). *Francoforti apud Egenolphum*, 1546, in-4°, figg. sur bois color., v. br.

241. J. Commelin. Horti medici Amstelod. rariorem plantarum descriptio et icones. *Amstelod.*, 1697, 2 vol. in-fol., figg. sur cuivre, v. br.

242. Le Jardin des plantes, description du Musée, de la Ménagerie, des Serres, etc., par Bernard, Gervais et Lemaout. *Paris, Curmer*, 1842, gr. in-8°, pl. color. et noires, dem. v. bleu.

243. (Le P. d'Ardene). Traité de la culture des Jacinthes, des Œillets, des Renoncules, et des Tulipes. *Avignon*, 1759-65, 4 v. in-12, brochés.

244. Rusticae rei Scriptores. De re rustica, Cato, Terentius Varro, Columella, Palladius, etc. — *Venetiis in aedibus Aldi*, 1514, in-8°, veau brun estampé.

Exempl. grand de marges, reliure du temps. Techener, Catal. de 1835, 60 fr.

245. (W. Rolevinck) Libellus de regimine rusticorum. *S. l. n. d. (Coloniae, Ter Hoernen, circa 1475)*, in-4°, goth., de 60 ff. (dont 1 blanc), à 27 lignes par page, cart.

Hain, *Repertorium*, 13728.

246. M. J. Scheidweiler. Traité théorique et pratique de l'élève et de l'amélioration des bêtes à cornes. *Gand*, 1855, in-8°, br.

247. Collection des animaux quadrupèdes de Buffon, formant 362 planches d'animaux, coloriés, classés par ordre. *Paris, s. d.*, 2 vol. in-4°, dem. rel. non rogn.

Brunet 30 à 36 fr.

248. C. J. Temminck. Manuel d'ornithologie ou tableau des oiseaux qui se trouvent en Europe. *Paris*, 1820-1840, 4 tom. en 3 vol. in-8°, dem. toile.

249. Historia naturalis de Quadrupedibus, de Piscibus, etc., Joh. Jonstonius concinnavit. *Amstelod.*, 1657, 4 part. en 1 vol. in-fol., figg. sur cuivre, v. m.

250. Art de faire éclorre et d'élever en toute saison des oiseaux domestiques de toutes espèces, par M. de Reaumur. *Paris, impr. roy.*, 1749, 2 vol. p. in-8°, figg. dem. rel., n. r.

251. Lalanne (J.) Manuel entomologique pour la classification des Lépidoptères de France. *Paris, Lerrault*, in-8°, figg., dem. v.

252. Anatomia del corpo humano composta per Giov. Valverde, con molte figure di rame. *In Roma*, 1560, in-fol., en vélin.

Ouvrage orné de nombreuses et belles planches anatomiques, gravées sur cuivre.

253. Chiromance et Physionomie par le regard des membres de l'homme, faites par Jean de Indagine... Mis en françois par Antoine du Moulin... *Lyon, par Jean de Tournes*, 1571, in-8°, avec figg. sur bois, en vélin.

254. L'art de connoistre les hommes, par le Sr De la Chambre. *Amsterd., Jacq. le Jeune*, 1660, in-12, frontisp., vélin.

255. Laur. Joubert. Erreurs populaires et propos vulgaires touchant la medecine et le regime de santé. *Bordeaux, par S. Millanges*, 1579. — Seconde partie des erreurs populaires... *Paris, Abel l'Angelier*, 1580, in-8°, veau fauve.

La première partie de cette édition, renferme également les deux opuscules : *Question vulgaire. Quel langage parleroit un enfant, qui n'auroit iamais ouï parler*, et *la santé du Prince*.

Ces ouvrages curieux se recommandent encore par leur singularité d'orthographe. Joubert, comme tant d'autres, prétendait fournir un système complet d'orthographie française, « *en retranchant tant qu'il peut toutes les lettres superflues,* » *en quoy certainement il y a grand epargne de lettres... entant que les livres imprimez seront à melheur marché...*

256. Dits dat hantwerck der cirurgien ende leert alle wonden, gehoudē, gestekē, gheslaghen het si lancx oft over dwers te cureren ende te binden.... Ende indit boeck suldy ooc vinden die instrumenten.... (door Jeron. Bruynswyck). — *Hier is voleyndt dat Handtwerc... gheprent tot Utrecht op den hoeck vā sint Martens toorn. Inden gulden Leeu Bi mi Jan Bernts. Anno M.CCCCC eñ XXXV. Op sint Ponciaens avont*, in-fol., goth., à 2 colonn., dem. rel.

Livre curieux orné d'un grand nombre de figures sur bois, très bien gravées. — L'exemplaire est bien conservé.

257. F. A. von Ammon. Krankheiten des menschlichen Auges. *Berlin*, 1838-47, 3 vol. et supplém., in-folio, pl. noires et color., cart.

Ouvrage très estimé.

258. Cours d'hippiatrique, ou traité complet de la médecine des chevaux par M. Lafosse, orné de 65 pl. *Paris*, 1772, in-fol. max., v. br.

Ouvrage bien exécuté. — Exemplaire très bien conservé, avec *double suite de figures, noires et coloriées.*

259. Henry Mulkeman. Arithmetique theorique et pratique. *Liége, chez l'autheur, demeurant dehors chasteau*, 1671, in-4', v. br.

Les premiers feuillets tachés.

260. L'usaige de l'Astrolabe avec un traicté de la Sphère, par Dominicq Jacquinot, Champenois. *A Paris, de l'imprimerie de Jehan Barbé*, 1545, in 4°, figg. sur bois bien gravées, en vélin.

Édition rare.

261. Sphaera Joan. de Sacro Bosco emendata. *Antverp., J. Beller*, 1573, in-8°, figg. sur bois, anc. rel.

262. Le Mareschal de bataille, conten. le maniment des armes, etc., par De Lostelneau. *Paris*, 1647, in-fol., figg. sur cuivre (d'après de Gheyn), veau br.

263. La Milice des grecs et des romains, traduite d'Aelian et de Polybe, par Louys de Machault. *Paris*, 1616, in-fol., frontisp. de Jaspar Isac, et figg., en vélin.

264. Belidor. Le Bombardier françois, ou nouvelle methode de jetter les bombes avec précision. *Paris, impr. royale*, 1731, in-4°, figure, ancien maroq. rouge, dos à fleur de lys, comp. aux armes du Roi.

---

265. Pneumalogie ou discours des esprits, pour entendre et resouldre la matiere des Sorciers faict et composé par le P. Seb. Michaelis. *Paris, chez G. Bichon*, 1587, in-8°, vélin. (Mouillure).

266. Jan. Lacinius. Pretiosa margarita novella de thesauro ac pretiosissimo philosophorum lapide. *Venetiis, apud Aldi filios*, 1546, in-8°, figg. sur bois, en vélin.

Exempl. réglé. On ne trouve que difficilement ce volume en bon état. (Brunet. III, 728).

267. EYN PRONOSTICATIO ZU THEUTSCH jm iar. lxxxviij. gemacht von der grossen Coniunction Saturni und Jovis die da was im jar. lxxxiiij.... (durch Joh. LICHTENBERGER)... ¶ *Dyss Pronosticatio ist nu zum andern mall corrigert und gedruckt im jar so man tzalt M.cccc.xcij... (1492) in der erlichen stat Mencz;* in-fol., de 40 ff., goth., figg. sur bois, en vélin.

Livre rare et précieux, orné de 45 grandes planches sur bois. — M. Dibdin a donné une notice avec *fac-simile* de ce livre curieux dans les *Aedes Althorpianae*.
Exemplaire en bel état de conservation.

268. Recueil des revelations et propheties merveilleuses de Saincte Brigide, Sainct Cirile et plusieurs autres Saincts et religieux personnages.... par Nostra Damus le jeune. *A Venise, par le Seigneur de Castanino*, 1575, p. in-12, vélin.

Édition rare. (*Manuel*, IV, 106). Vente Pixérecourt 38 fr.

BEAUX-ARTS

Mnémonique. — Calligraphie.

269. Matheolus. — Tractatus clarissimi philosophi/et medici matheoli perusini de me/moria. *S. l. n. d.* (*Antverpiae, M. VAN DER GOES, vers* 1486), in-4°, de 6 ff., dont le premier blanc, goth., cartonné.

Édition restée inconnue. Hain, Holtrop, ni Panzer ni l'ont décrit.

L'imprimeur s'est servi pour cet opuscule des nouveaux caractères, dont les *Monuments* de M. Holtrop reproduisent un spécimen à la planche 48. — Très bel exemplaire.

270. ALBUM CALLIGRAPHIQUE de 26 feuillets, modèles d'Ecriture (courante, grosse batarde, à l'italienne, etc.,) du commencement du XVIIᵉ siècle. Au titre « *Escrit par moy Guilliam de Gheel.* » Un volume in-fol. oblong, en veau fauve à filets, fers à froid.

Très-beau manuscrit de conservation parfaite. Chaque modèle est accompagné d'une grande lettrine, dessinée avec beaucoup de soin.

271. Ch. Fr. Vésin. La Cryptographie devoilée ou art de traduire toutes les écritures. *Brux.*, 1840, in-8°, dem. rel.

Peinture.

272. Watelet. Dictionnaire des arts de peinture, sculpture et gravure. *Paris*, 1792, 5 vol. in-8°, dem. rel.

273. Dictionnaire portatif des arts et métiers. *Amsterd.*, 1767, 2 vol. p. in-8°, v. br.

274. Trattato della pittura et scultura. *Fiorenza*, 1652, in-4°, en vélin. (*Mouillure.*)

275. H. Testelin. Sentimens des plus habiles peintres sur la pratique de la peinture et sculpture. *Paris*, 1696, in-fol., avec pl. gr., veau br.

276. Œuvres complètes de A. R. Mengs, contenant différens traités sur la théorie de la peinture. *Paris*, 1786, 2 vol. in-4°, portr., cart. à la Bradel.

277. Anatomie canonique ou le Canon de Polyclète retrouvé par le Dr Fock. *Utrecht*, *s. d.*, gr. in-fol. avec 13 pl, dont 2 gravées, cart.

Exempl. de dédicace, avec le portrait de l'auteur et 2 photogr. ajoutés.

278. Manuel du dessinateur, par Boutereau, avec atlas. — Le decorateur-ornementiste, du graveur et du peintre en lettres, par Schmit, avec atlas. — Manuel du coloriste. — Id. du peintre et du sculpteur, figg. — Id. de Perspective, figg. *Paris, Roret*, ens. 7 vol. in-12, toile.

279. Livre de portraiture de J. Fr. Barbier, excellent peintre italien. *De l'impression de Mariette*, 1642, in-4°, obl., titre et 42 pl. gr., en vélin.

280. Joh. Episcopius. Paradigmata graphices variorum artificum. Voorbeelden der Tekenkonst. *Hag.-Com.*, 1671, p. in-fol. avec 158 planches gravées, dem. v.

Exemplaire du premier tirage et beau d'épreuves.

281. Histoire de la Peinture au moyen-âge, suivie de l'histoire de la gravure, par T. B. Eméric-David. *Paris, Gosselin*, 1842, gr. in-12, d. rel.

Epuisé dans le commerce.

282. Histoire de la peinture en Italie, depuis la renaissance des beaux-arts, jusques vers la fin du xviii° siècle, par l'abbé Lanzi. *Paris*, 1824, 5 vol. in-8°; en vélin blanc, fers à froid, tête dor.; n. r.

Bel exemplaire.

283. LES CHEFS-D'ŒUVRE de la Peinture italienne, par Paul Mantz; avec 20 pl. chromol. par F. Kellerhoven, 30 pl. sur bois et lettres ornées. *Paris, Didot*, 1869, in-fol., toile dor., non rogné.

Exemplaire comme neuf. Le cartonnage légèrement endommagé.

284. Neues allgemeines Künstler-Lexicon oder Nachrichten von dem Leben und den Werken der Maler, Bildhauer, Kupferstecher, etc., von G. K. Nagler, *München*, 1835-46, tom. I à XVI, (A-S), in-8°, cart. et en livr.

285. Abrégé de la vie des plus fameux peintres, avec leurs portraits gravés (par d'Argenville). *Paris, Debure,* 1745-52, 3 vol. in-4°, figg. v. br.

Ouvrage estimé.

286. Ad. Siret. Dictionnaire historique des peintres de toutes les écoles. *Bruxelles,* 1848, gr. in-8°, figg. de monogr., en feuilles.

287. Entretiens sur les vies et sur les ouvrages des plus excellens peintres anciens et modernes, avec la vie des architectes, par Mons. Félibien. *Trevoux,* 1725, 6 vol. p. in-8°, veau br., avec figg.

288. Taillasson. Observations sur quelques grands peintres, avec un précis de leur vie. *Paris,* 1807, in-8°, cart.

289. Flor. le Comte. Het konst-cabinet der bouw-, schilder- en graveerkunde. *Dordr.,* 1761, 2 vol. in-8°, pl. de monogr., veau br.

290. Dictionnaire des artistes ou notice des architectes, peintres, graveurs, danseurs, imprimeurs, etc. *Paris,* 1776, 2 vol. p. in-8°, dem. rel.

291. Histoire de la vie et des ouvrages de Raphael, par M. de Quatremère de Quincy. *Paris,* 1838, avec figg., in-8°, br.

292. Gault de St-Germain. Vie de Nicolas Poussin, considéré comme chef de l'école française. *Paris, Didot,* 1806, gr. in-8°, avec 37 pl., relié.

293. La vie de Pierre Mignard, premier peintre du Roy, par l'abbé de Monville. *Paris,* 1730, p. in-8°, portr., v. br.

294. A. Houbraken. De groote Schouburgh der Nederlantsche konstschilders. *Amsterd.,* 1718, 3 vol. in-8°, nombr. port. gravés, en vélin.

Première édition, rare.

295. K. van Mander. Het leven der nederlandsche en eenige hoogduitsche schilders. *Amsterd.,* 1764, 2 vol. in-8°, portr., brochés.

296. Scènes de la vie des peintres flamands et hollandais, par M. Madou. *Bruxelles,* 1842, gr. in-fol., figg. sur chine et vignettes, dem. toile.

La notice (et la planche) sur Wouwermans manque.

297. A. Michiels. Les peintres brugeois. *Bruxelles,* 1846, in-12, br.

298. A. Michiels. Rubens et l'école d'Anvers. *Paris*, 1854, in-8°, br.

299. A. van Hasselt. Histoire de P. P. Rubens, suivie du catalogue général de ses œuvres. *Brux.*, 1840, in-8°, portr., br.

300. L. Viardot. Les merveilles de la peinture. *Paris*, 1869, 2 vol. gr. in-12, figg., toile bleue.

301. G. P. Mensaert. Le peintre amateur et curieux, ou description des tableaux... dans les Pays-Bas autrichiens. *Brux.*, 1763, 2 tom., 1 vol. p. in-8°, v. br.

302. Lépicié. Catalogue raisonné des Tableaux du Roy, avec un abregé de la vie des Peintres. *Paris*, 1752, 2 tom. en 1 vol. in-4°, v. br.

303. Description de la Galerie des tableaux de S. M. le Roi des Pays-Bas, par C. J. Nieuwenhuys. *Bruxelles*, 1843, gr. in-8°, dem. veau bleu.

304. W. Burger. Les Musées de la Hollande, 2 vol. br. ; les Curiosités de Paris, 3 vol., etc., en un lot.

305. Notice des tableaux exposés dans les galeries du Musée du Louvre, par M. Villot. *Paris*, 1852-60, 3 vol. p. in-8°, dem. maroq. rouge, tr. rouges.
Un nom découpé aux titres.

306. Recueil de gravures d'après un choix de tableaux de toutes les écoles, recueillis en Espagne, en France et Italie, par M. Le Brun. *Paris*, 1809, 2 vol. in-8°, avec 178 gravures, cart. n. r.

307. G. Craffonara. I piu celebri quadri riuniti nell' appartamento Borgia del Vaticano, descritti da G. Guattani. *In Roma*, 1820, in-fol., avec 41 pl. gravées, cart. n. r.

308. Galeries historiques du palais de Versailles. *Paris, impr. royale*, 1839-48, 9 tom. en 10 vol. de texte in-8°, et atlas de figures in-4°, en portef.
Légère mouillure au dernier volume.

309. The Gallery of pictures by the first masters of the english and foreign schools, with dissertations by Allan Cunningham. *London*, 2 vol. gr. in-4°, toile angl. tr. dor., avec nombr. figg.

310. Les principaux tableaux du Musée royal à la Haye, gravés au trait (75 pl. gravées par Vennekool) avec leur description. *La Haye*, 1826-29, 3 vol. in-8°, cart. n. r.

311. The Royal Gallery of pictures ; selection of the cabinet paintings in the collection of her Majestys private collection at Buckingham palace, by John Linnell. *London*, 1850, gr. in-4°, avec 32 estampes, dem. maroq. vert et coins, tête dor. n. r.

Bel exemplaire.

312. Les Amours de Psyché et de Cupidon, lithographiés d'après les dessins de Raphael, par Bouillon, Fragonard, etc., orné du poême de La Fontaine. *Paris, Didot*, 1825, gr. in-fol., avec 32 pl. sur chine, dem. rel. n. r.

313. La vie de S. Bruno, peinte au Cloistre de la Chartreuse de Paris, par Eust. Le Sueur, gravée par Fr. Chauveau. *Paris, s. d.*, in-fol., avec 21 pl. sur cuivre, en vélin.

314. Concours décennal ou collection gravée des ouvrages de peinture, sculpture et médailles, mentionnés dans le rapport de l'Institut. *Paris, chez Filhol*, 1812, gr. in-4°, dem. maroq. vert et coins, non rogné, avec 30 planches sur cuivre.

315. Revue du Salon de Bruxelles (de 1848), par L. van Roy et J. Decamps. *Bruxelles*, 1848, gr. in-4°, avec 26 planches, dem. veau, n. r.

316. Album illustré du Salon de 1848, avec 20 planches; texte par J. A. L. (Luthereau). *Bruxelles*, 1848, gr. in-4°, figg., dem. rel.

317. Catalogus der Schilderyen met derselver prysen, van 1752 tot 1768, in Holland en Braband verkogt, door Gerard Hoet. — Pryzen der Schilderyen van dhr. Braamcamp (1771). En 1 vol. in-8°, en vélin.

318. Catalogue de tableaux, vendus à Bruxelles, depuis l'année 1773, avec les noms des maîtres et les prix. *Bruxelles, Alexandre*, (1804) in-8°, br.

Gravure.

319. Jos. Heller. Praktisches Handbuch für Kupferstich-sammler. *Leipzig*, 1850, in-8°, portrait et monogr., veau fauve.

Dernière édition.

320. Notizie istoriche degli Intagliatori, di G. Gori Gandellini. *Sicna*, 1808, 2 tom. en 1 vol. in-8°, en parchemin blanc.

321. Le Peintre-graveur hollandais et flamand, (faisant suite à l'ouvrage de M. Bartsch), par J. Ph. van der Kellen. *Utrecht*, 1869, in-4°, 1re part. avec figg.

322. Notices sur les graveurs qui nous ont laissé des estampes marquées de monogrammes, chiffres, etc., (par Fr. Malpé et Beverell). *Besançon*, 1807-1808, 2 vol. in-8°, figg. de monogr., brochés.

323. — — Le même ouvrage, 2 tom. en 1 vol. in-8°, dem. veau.

324. Quelques mots sur la gravure au millésime de 1418 par (C. de Brou). *Brux.*, 1846, in-4°, avec 7 planches.

325. Rembrandt and his works, illustrated by examples from his etchings, by John Burnet. *London*, 1849, gr. in-4°, facsim. et 20 pl., toile, n. r.

326. LUCAS CRANACH. Le Christ et les Apôtres : 14 estampes gravées sur bois, petit in-folio, montées (volant) sur carton, en portef.

Belle suite, rare. Anciennes épreuves de très belle conservation.

327. LES VICTOIRES DE L'EMPEREUR CHARLES-QUINT. — Suite complète de 12 planches, chiffrées I à XII d'après M. (van Veen) Heemskerck, par D. Cuerenhert (Coornhert) gravées en 1555. Sur la première planche l'adresse de l'éditeur : *Hierôme Coch à Anvers*, 1556. In-4° oblong, en demi-reliure.

Suite très rare ; sous chaque planche un quatrain espagnol et français, imprimé en caractères mobiles. — Exempl. bien conservé ; les planches ayant un peu de marge.

328. Livre de Compartimens, gravé par Jerôme Cockx d'Anvers. (*Antverp.*, *Hieron. Cocx excudit*, 1566), 12 planches sur cuivre, in-4°, oblong.

329. (1577, 23 août). Sept estampes de la prise de la Citadelle d'Anvers par Van Boursse et le Comte de Liederkerke. — Gravées en médaillon avec texte en français et en flamand, d'après Mart. de Vos. (Figures découpées et remontées) p. in-4° en carton.

Les numéros 2, 6, et le texte du n° 7, manquent.

330. Jésus-Christ, les douze Apôtres et Saint Paul. Suite complète de 14 estampes, gravées par H. Goltzius (*Hondius excud*. 1607). Montées sur grand papier, en 1 vol. in-folio, cart.

Belles épreuves.

331. CAPRICCI / di varie Figure / di Jacopo Callot. / all' Ill.mo et Ecc.mo S. Principe / Don Lorenzo Medici. / J. Callot. F. in aqua Forte. *In Fior.ª* ; in-12 obl., dem. maroq. brun et coins.

Cette suite de *Caprices*, la première exécutée par Callot, fut gravée à Florence vers 1617. Il ne faut pas la confondre avec une autre qui fut gravée de nouveau à Nancy, après le retour de l'artiste en Lorraine, et qui est bien moins estimée que celle-ci. On ne connaît qu'un seul état de la suite italienne et l'exemplaire que nous offrons est exclusivement composé de ces épreuves florentines, sans mélange de celles de Nancy. — Cfv. *Meaume, Recherches sur la vie et les ouvrages de J. Callot*, t. II, pp. 364-387 (n°· 768-867).

Il manque à notre exemplaire les deux planches décrites sous les n°· 42 et 47 de la liste de Meaume. Les épreuves sont d'ailleurs admirablement conservées.

332. LES IMAGES DE TOVS LES SAINCTS et Saintes de l'année suivant le Martyrologe Romain. Faictes par Jacques Calot. Et mises en lumière par Israel Henriet. *A Paris, chez Israel Henriet. Avec privilege du Roy*, 1636 ; in-fol., en vélin, de 124 feuilles.

Bel exemplaire d'un état non décrit, très rare et inconnu à M. Meaume ; en effet, les « retouches d'un maladroit » qu'on devrait voir aux sujets de janvier et de février n'y sont pas encore faites : les angles de ces planches sont restés blancs et aucun changement n'a été apporté au nom qu'on voit sur les planches. — Le seul point correspondant entre notre exempl. et les états décrits par Meaume, est la rectification au titre du nom de *Henriette*, par *Henriet :* pour le reste, notre exemplaire semble appartenir à un second tirage du *premier état*, car aucun des travaux qui caractérisent le deuxième état, n'ont encore été effectués. — Malheureusement le frontispice manque à notre exemplaire et une des planches des fêtes mobiles, à la fin, a un coin enlevé. Ce recueil est de fort belle conservation.

333. J. Callot. Les Monnoies, p. in-fol. en feuilles.

Suite complète de dix planches numérotées, *J. Callot fecit*. A droite l'adresse : *a Paris, chez Israel Silvestre, rue de l'Arbre sec*, 1662 ; (voir *Meaume*, n°· 605 à 614).

334. Diverses Paisages mis en lumiere par Israel. Dedie a Monseigneur et très-illustre Prince Louis de Bourbon duc d'Anguien. In-4° oblong, cart.

Suite de 12 eaux-fortes, en belles épreuves.

335. Visscher (C.). Suite compl. de quatre estampes « *Chateaux de Muyden, de Purmerend, d'Abcou et Toutenburch.* » — *C. Visscher, fecit et excud., Anno*, 1617 ; in-8°, oblong, en vélin.

Très belles épreuves.

336. Abr. Bloemaert. Verscheyden aerdige Lanthuysen nae t'leven Gekonterfeyt. *t'Amsterdam by C. Visscher*, 1620 ; 24 pièces sur cuivre, in-8° oblong, en vélin.

Très belles épreuves. Jolie suite de figures.

337. Abr. Bloemaert. Suite de 16 pièces, y compris le titre : Otia delectant..... etc.

gravées sur cuivre. — *Abr. Bloemaert Inven.; C. Bloemaert fecit et excud.*, in-8°, oblong, cartonné.

338. Tableaux du Temple des Muses, avec les descriptions par M. de Marolles. *Paris*, 1655, in-fol., figg. de Diepenbeek en belles épreuves, v. br.

339. Plusieurs Jeus d'enfants. — *Se vendent à Paris chez Jollain*. 16 pièces sur cuivre, avec texte français. — Autre suite de 32 pièces (avec doubles), jeux d'enfants, etc. *Ant. Coget fecit; Joan Popels invent.*, (en tête de cette suite, un frontisp. du *Livre du pourtaicture*, ajouté). En 1 vol. in-4° oblong., dem. v.

Toutes ces pièces sont montées sur papier fort.

340. Album de 118 planches gravées sur cuivre, sujets religieux, images de Saints, etc., publiées par la Société de Dusseldorf; gr. in-4°, en portefeuille.

Quelques-unes des planches tachées de rousseur.

Livres d'emblêmes.

341. Iconologie par figures, ou traité complet des Allégories, Emblêmes, etc., par MM. Gravelot et Cochin. *Paris, chez Le Pan, s. d.*, 4 vol. in-8°, veau rac. à comp., nombreuses et jolies figures.

342. Emblemata D. A. Alciati. *Lugd., apud G. Rovilium*, 1550, in-8°, veau br.

Beau livre d'emblêmes avec encadrements variés, gravés sur bois. Le feuillet L 2 (163-164) manque. — Mouillure.

343. Cl. Paradin. Symbola heroica. *Antverp., Chr. Plantin.*, 1583, in-12, figg. sur bois, vélin.

Exempl. bien conservé.

344. BENED. MONTÁNUS. David, virtutis exercitatissimae probatum Deo spectaculum, ex Davidis exemplis... *Ex officina M. Zach. Palthenii*, 1597, in-4°, figg. sur cuivre. vélin.

Recherché pour les nombreuses figures des frères De Bry. — Belle bordure gravée au titre.

345. Q. Horatii Flacci Emblemata, imaginibus in aes incisis, notisq. illustr., studio Oth. Vaenii. *Antverpiae, Hieron. Verdussen*, 1607. in-4°, en vélin.

Avec 103 planches sur cuivre. — Première édition. Derrière le faux-titre, une traduction française du titre général, signé « *Mellinet aîné.* » père du général de ce nom.

346. — — Le même ouvrage. *Antverpiae, prostant apud Ph. Lisaert*, 1612, in-4°, figg. sur cuivre, veau brun.

Exempl. grand de marges. — Dans cette édition, l'explication des figures est en cinq langues.

347. Amorum emblemata. Emblemes of Love, with verses in latin, english and italian (figures d'Otto van Veen). *Antverpiae, venalia apud auctorem*, M.DC.IIX. (1608), in-4°, obl. veau brun.

Première édition : légère tache d'eau, du reste bel exemplaire.

348. Theod. Galle. Duodecim specula Deum aliquando videre desideranti concinnata. *Antverpiae, delineabat et excudebat Theod. Gallaeus*, 1610, in-8°, en vélin.

Douze planches et un titre gravés sur cuivre en très-belles épreuves. — Au titre une signature et une ligne d'écriture.

349. XL Emblemata miscella nova, oder Underschiedliche newradierte Kunststuck durch Chr. Murern von Zurych ; mit reymen von Nordorffen. *Zurych*, 1622, in-4°, avec 40 figg., dem. veau.

350. Amoris divini et humani effectus varii (français et latin). *Antverp., Mich. Snyders*, 1626, in 12, figg., dem. maroq. brun avec coins, tr. rouges.

Le titre monté. Chaque figure est entourée d'une bordure en rouge.

351. Mundi lapis Lydius sive vanitas per veritatem falsi accusata... opera Ant. a Burgundia. *Antverp., viduae J. Cnobbari*, 1639, in-4°, v. br.

Avec 50 figures emblématiques d'après Abr. Van Diepenbeek.

352. Gomberville. La Doctrine des mœurs, tiree de la philosophie des Stoiques, representee en cent tableaux. *Paris, L. Sevestre*, 1646, in-fol., figg. sur cuivre, veau brun.

Avec cent planches par Pierre Daret, gravées d'après les dessins d'Otto Vaenius.

Belles épreuves.

353. Gabr. Rollenhagii Selectorum emblematum, centuria secunda. (*S. l.*) 1613, in-4°, titre, portrait et 96 pl. d'emblèmes, gravés par De Passe, dem. rel.

Figures montées.

Portraits et Costumes.

354. (N. de Clerck). Tooneel der beroemder hertogen, princen, graven ende krygshelden.... *Tot Delft*, 1617, p. in-folio, nombreux portraits gravés, veau brun.

355. Icones sive Imagines vivae, clarorum virorum Italiae, Germaniae, Galliae, cum elogiis variis per Nicol. Reusnerum. *Basileae, C. Valdkirch*, 1591, in-8°, figg. sur bois, veau rac.

Exempl. du Cabinet Paelinck (n° 425 du catal.).

356. Pauli Jovii Vitae duodecim vicecomitum Mediolani principum. *Lutetiae, ex off. Rob. Stephani*, 1549, in-4°, dem. rel.

Avec 10 beaux portraits gravés sur bois, à la croix de Lorraine (voir *G. Tory, par M. Bernard*, p. 301). Bel exempl.

357. EPITOME DES GESTES des cinquante huict roys de France, depuis Pharamond jusqu'au present Françoys de Valoys. (latin et franç.) *Lyon, par B. Arnoullet*, 1546, in-4°, figg. sur cuivre, maroq. viol., tr. dor.

Voyez sur ce volume rare et curieux, *Brunet*, II, 1029. Bel exempl., ayant quelques notes anciennes, sur 2 feuillets. — Les portraits, qu'on attribuait autrefois à Woeriot, sont gravés, selon M. Robert Dumesnil, par Cl. Corneille, de Lyon.

358. Les Portraits des hommes illustres francois qui sont peints dans la galerie du palais du Cardinal de Richelieu, avec leurs armes et devises, desseignez et gravez par les sieurs Heince et Bignon, ensemble les abregez de leurs vies par M. de Vulson de la Colombiere. *Paris, Loyson*, 1664, gr. in-fol. avec 27 planches, veau marbré à fil.

Exempl. bien conservé.

359. Virorum doctorum effigies XLIIII a Philippo Galleo. *Antverpiae*, 1572. — Pictorum aliquot celebrium Germaniae inferioris effigies, cum Dom. Lampsonii elogiis. *Anverpiae apud Viduam Hieron. Cock*, 1572, avec 23 portr., p. in-fol. en vélin, reliure molle.

PREMIERS TIRAGES de ces Recueils estimés. Les *Portraits des peintres* se terminent par celui de *Hierosme Cock* gravé par J. Wierex : ce recueil a été réimprimé trois fois depuis, en dernier lieu par Hondius. — Le *premier état* de ces portraits est fort rare. Voyez *Nagler*, IV.

360. NATIONAL PORTRAIT GALLERY of illustrious and eminent personages of the XIXth century, with memoirs by W. Jerdan. *London*, 1830, 5 vol. gr. in-8°, beaux et nombr. portraits; dem. maroq. orange avec coins, tête dorée, n. r. (*Niedrée*).

Très-bel exemplaire.

361. Recueil de 105 portraits d'hommes célèbres des Pays-Bas (amiraux, conseillers d'état, gouverneurs, souverains) avec frontispice gravé. *Amsterd., Tirion*, 1749, in-8°, cart. non rogné.

Belles épreuves.

362. G. F. Astolfi. Della officina istorica. *Venezia*, 1605, in-4°, vélin.

Ouvrage curieux pour les nombr. figures de costumes, gravées sur bois, qu'il renferme. Écritures au titre.

363. André Lens. Le costume ou essai sur les habillements et les usages de plusieurs peuples de l'antiquité. *Liége*, 1776, in-4°, avec 51 pl. gravées, br.

364. Le costume ou essai sur les habillements de plusieurs peuples de l'antiquité... par J. Fernande, statuaire de S. A. R. le prince Charles de Loraines, in-4°.

Trois cahiers d'artiste, contenant 57 dessins à la plume, avec quelques explications en manuscrit.

365. Alex. Fabri patavinus. Diversarum nationum ornatus cum suis iconibus. *Padova*, 1593, p. in-8°, veau à fil.

Livre de costumes, rare et recherché. Cet exempl.-ci renferme dans ses trois parties, 101, 73 et 76 figures. Le texte de la dédicace est rogné en tête.

366. Album amicorum habitibus mulierum omnium nationum Europae, tum tabulis ac scutis adornatum. *Lovanii, Zangrius*, 1601, in-4°, obl., en vélin.

Volume rare, renfermant de jolies planches de costumes et de blasons gravés sur cuivre. Cet album ayant appartenu à Anth. Van Achelen, seigneur brabançon du XVIIe siècle, est rempli d'inscriptions et de blasons peints en couleurs.
L'exemplaire a été raccommodé en plusieurs endroits et porte des taches d'humidité.

367. COSTUMES HISTORIQUES de la France d'après les monuments les plus authentiques, avec un texte descriptif et l'histoire de la vie privée des Français, par le Bibliophile Jacob (Paul Lacroix). *Paris*, (1852) 10 vol. in-8°, avec 640 pl. coloriées, brochés.

Exempl. non découpé.

368. Physionomie de la Société en Europe, depuis le 14me siècle jusqu'à nos jours, par M. Madou. *Bruxelles*, gr. in-fol., oblong, figg. sur chine, dem. rel.

369. Pogonologie ou histoire philosophique de la barbe, par M. J. A. D**. *Paris, Lejay*, 1786, p. in-8°, frontisp., br.

370. J. B. Thiers. Histoire des perruques, où l'on fait voir leur origine et l'abus... *Avignon*, 1777, p. in-8°, br.

Annuaires et Albums ornés de figures.

371. THE KEEPSAKE. *London, années* 1828 à 1857, 30 vol. in-8°, avec grand nombre de belles figg. sur acier, reliés en toile et en soie, dor. s. tr.

Bel exemplaire.

372. The Christian Keepsake, and Missionary annual, edited by W. Ellis. *London*, 1837-1838, 2 vol. in-8°, figg. sur acier, reliés en maroq. tr. dor.

373. Keepsake de l'art en province. *Moulins*, années 1841-42, 2 vol. gr. in-8°, reliés, figg. tr. dor.

374. FISHER'S DRAWINGROOM SCRAPBOOK, with poetical illustrations. *London*, 1832-1852, 21 vol. gr. in-4°, cart. angl., dor. s. pl. et s. tr.

Chaque volume est orné d'un grand nombre de portraits, vues pittoresques et sujets divers gravés sur acier. -- Le Scrapbook paraissait une fois par an. Le volume de 1850 manque; celui de 1840 est en double.

375. JENNING'S Landscape annual. *London, années* 1830 à 1839, 10 vol. in-8°, avec figg. sur acier, reliés, tr. dor.

376. HEATH'S pictoresque Annual. *London, années* 1832 à 1844. 13 vol. in-8°, belles figures sur acier, reliés, tr. dor.

377. HEATH'S Book of beauty, with beautiful engravings. *London, années* 1833 à 1849, 17 vol. in-8°, en toile angl. et en velours, tr. dor.

379. Le Magasin pittoresque. 1re année, 1833. *Paris,* 1833, gr. in-4°, figg. sur bois, dem. v.

380. The Pictorial Album or Cabinet of paintings for 1837. *London, Baxter*, in-4°, maroq. brun avec ornem. en mosaïque, tr. dor.

Avec 11 planches coloriées, imprimées à l'huile.

381. FINDEN'S TABLEAUX. A series of picturesque scenes, beauty and costume. *London*, 1838-41, 4 vol. in-fol., belles figg. sur acier, maroq. à compart. dor., tr. dor.

382. GEMS OF BEAUTY displayed in a series of twelve highly finished engravings, with illustr. in verse by the Countess of Blessington. *London*, 1838-1840, 4 vol. in-folio, figg. sur acier, en soie moirée, tr. dor.

383. The book of the boudoir or the Court of Queen Victoria, with (12) portraits of english nobility, *London*, 1840-42, 3 vol. in-fol., figg. sur acier, en maroq., ornemens en or, tr. dor.

384. FLOWERS of loveliness; twelve groups of female figures, designed by E. T. Parris. *London*, 1836-38, 3 vol. in-fol., figg. sur acier; en soie rouge, tr. dor.

385. Finden's Beauties of Moore, a series of (25) portraits... *London*, 1846, in-fol., figg. sur acier; maroq. rouge, ornemens en or, tr. dor.

386. The Amaranth. — The Diadem. *London*, 2 beaux albums, imp. 4°, figg. sur acier, reliés en maroq., avec belles figg.

387. Divers Albums, avec figures sur acier et en couleurs, imp. 4°, reliés.
Ce lot sera divisé.

388. The loves of the poets; or portraits of ideal beauty, twelve engravings on steel. *London*, 1858, gr. in-4°, toile angl. tr. dor.

389. The Book of Waverley Gems : illustrations of W. Scott's novels. *London*, 1846, in-8°, figg. sur acier, toile, tr. dor.

390. Finden's Illustrations to the life and works of Lord Byron ; texte by W. Brockedon. *London, Murray,* 2 vol. in-8°, nombr. figg., dem. maroq. brun et coins, tête dor., n. r. (*Niedrée*).

391. Les Femmes de Lord Byron, avec texte par Benj. Laroche. *Paris, Mandeville*, in-8°, en peau blanche, doré à compart., tr. dor., figg. sur acier.

392. Galerie des femmes de Shakspeare, avec 45 portraits gravés sur acier. *Paris, Delloye*, gr. in-8°, en velours gaufré, tr. dor.

393. Livres illustrés. Voyage en Russie.— L'élite des salons. — Le Christ et les Apôtres, etc., gr. in-8°, reliés, avec figg.
Ce lot sera divisé.

Livres illustrés par Gavarni, Grandville et autres.

394. ŒUVRES CHOISIES de Gavarni, revues et corrigées par l'auteur, avec des notices par M. Stahl. *Paris, Hetzel*, 1846-48, 4 vol. gr. in-8°, nombr. figg. sur bois, en toile, tête dorée, non rognés.
Plusieurs épreuves doubles, *tirées sur Chine*, se trouvent ajoutées dans cet exemplaire.

395. Œuvres choisies de Gavarni, suivies de l'œuvre complète publiée dans le Diable à Paris ; 520 dessins gravés sur bois. *Paris*, 1864, in-fol., cart.

396. LES FRANÇAIS PEINTS par eux-mêmes. Encyclopédie morale du XIXe siècle. *Paris, Curmer*, 1840-42, 8 vol. gr. in-8°, dem. maroq. brun, figg., non rognés.

Bel exemplaire du premier tirage. Quelques-unes des figures sont coloriées.

397. Les Cent et un Robert-Macaire, composés et dessinés par H. Daumier. *Paris*, 1839, 2 tom. en 1 vol. in-4°, nombr. figg., dem. rel.

398. Muséum parisien ; histoire physiol. et grotesque de toutes les bêtes curieuses de Paris et de la banlieu ; texte par L. Huart, et 350 vign. par Grandville, Gavarni, Daumier, etc. *Paris*, 1841, gr. in-8°, figg. sur bois, dos et coins de maroq. rouge, tête dor., n. r.

Joli exemplaire.

399. Albums de Carricatures du siége de Paris. — Souvenirs du siége : Paris assiégé : les soldats de la République. (*Paris*, 1870), 3 parties, gr. in-4°, figg. color., en portef.

CÉRÉMONIES PUBLIQUES

Entrées et Couronnements de Souverains. —

Pompes funèbres. — Fêtes publiques.

400. Onuphrius Panvinius. Amplissimi ornatissimique Triumphi, ex antiq. lapidum, nummorum monumentis, etc., descriptio. *Romae*, 1618, in-fol. obl., dem. veau violet, avec coins.

Douze planches gravées sur cuivre, y compris le frontispice.
Le premier feuillet est doublé.

401. [1451-52.] (NICOL. LANCKMAN) Sacratiss. et Invict. Romanor. Imperatoris Friderici III. Ac conthoralis ipsius Leonore desponsatio ac ipsorum coronatio. — (à la fin) *De nuptiis invict. Friderici imper. III, ac Leonore uxoris, decqz eorundem coronatione... a Nicolao ēpo Ypponeñ, compilatus... Im-*

pensis providi viri Jacobi Wacker de Saltzburga Auguste im-
pressus, anno 1503, in-4°, goth., cartonné.

Relation du Mariage de l'empereur Frédéric III avec Léonore de Portu-
gal et son couronnement à Rome. — A la fin du volume une courte chronique de famille se terminant par la mort de l'Impératrice.

De ce mariage est né Maximilien, qui épousa Marie de Bourgogne.

Ce volume *extrêmement rare* n'a pas été connu de M. Brunet, ni de
M. Graesse : il est de belle conservation, avec des témoins.

402. [1486.] ORATIO HERMOLAY Barbari laureati poete
ad Federicŭ et Maximilanŭ principes cum Gratulatione Ludo-
vici Bruni de regis roman. coronatione. *S. l. n. d.*, in-4°, goth.
de 14 ff., à longues lignes, dem. v.

Voyez *Hain*, 2419. Cet opuscule rare est imprimé à Léipsic par Michael
Lotter, ou par Martinus Herbipolensis, qui tous les deux se sont servi des
caractères employés pour cet ouvrage.

403. [1520.] CORONATIO INVICTISS. CAROLI Hispaniarum
Regis Catholici in Romanorum Regem. Hartmanno Mauro
authore. — *Nurenberge, apud Foedericum Peypys, anno
M.D.xxiij,* (1523), in-4°. de 22 ff., dem. v. et coins.

Le titre xylographique et le blason du dernier feuillet, sont gravés par
Albert Durer.

Cette relation rare, n'a pas été mentionnée par M. Brunet.

404. [1549.] L'ENTRÉE DU PRINCE PHILIPPE D'ESPAGNE
à Anvers. De seer wonderlijke, schoone, Triumphelijcke In-
compst van den Prince Philips van Spaignen, inde Stadt van
Antwerpen, duer Corn. Grapheum. — *Geprint Tantwerpen
voer Pecter Coecke van Aelst,* 1550, p. in-fol., fig. sur bois,
veau brun.

Entrée de Philippe. Prince d'Espagne (fils de Charles-Quint) dans la
ville d'Anvers. Bel exemplaire de ce livre curieux.

405. [1549.] Einzug der R. K. M. Sons... Entrée du fils de
S. M. Impér., le Prince Philippe d'Espagne, dans la ville de
Bruxelles en Brabant, le premier jour d'avril 1549 (en alle-
mand). *Leipzig, Valentin Babst,* 1549, in-4°, de 8 ff., br.

Pièce curieuse et très-rare; on ne connaît pas d'autre publication con-
temporaine sur cette Entrée magnifique; la relation est entièrement différente de celle publiée par l'historiographe Calvete de Estrella, imprimé à
Anvers en 1552. Léger raccommodage au titre.

**406. (Jérôme Cockx.) LES FUNÉRAILLES DE L'EMPE-
REUR CHARLES-QUINT,** celebrées à Bruxelles, le 29 décembre
1558. — In-fol. oblong, de 34 planches; dem. maroq. rouge
avec coins.

Exemplaire complet, en très belles épreuves; elles sont montées avec
soin sur papier fort et partiellement enluminées à l'époque.

Cette très rare et importante collection, gravée à l'eau-forte par J. et
L. Duetecum, a eu plusieurs éditions, les unes aussi rares que les autres.

En attendant que l'on fasse le précieux travail de comparaison des différents exemplaires, pour parvenir à l'etablissement de l'ordre exact des tirages, nous nous bornerons à résumer les recherches faites jusqu'ici, au sujet de ce recueil.

Sans pouvoir établir rigoureusement, laquelle des trois langues, flamande, française ou espagnole, a eu la préférence pour le premier tirage, il est assez connu, qu'il en existe un très petit nombre d'exemplaires, avec texte explicatif imprimé en caractères mobiles, et publiés par Chr. Plantin. — Depuis la publication par cet éditeur jusqu'à l'édition de Hondius, en 1619, qui n'est qu'une réimpression des anciennes planches, refaites au burin, on ne connaît pas encore de nouveaux états, offrant des différences remarquables. — Il est cependant probable qu'on ait tiré pendant les années 1559 à 1619 un certain nombre d'exemplaires, sans retouches ou avec des changements peu notables, sans toutefois les accompagner d'un texte imprimé.

Nous croyons que notre exemplaire appartient à un de ces tirages intermédiaires ; par les différences observées, 1° l'effacement du nom de *Jerôme Cockx* (planche 32) et 2° le numérotage des pl. 33 et 34, il est probable que ce tirage est fait après les trois tirages de Plantin, avec texte ; mais par contre, la beauté des épreuves (d'eau-forte pure sans aucune apparence de retouche) égale au moins celle des états primitifs. On observe encore que la première planche de ce tirage, « *La Chapelle ardente,* » porte le numéro à l'intérieur du trait carré, et que la grande planche du *Navire symbolique* est avant l'adresse de G. Hendrickx et avant l'inscription.

Le dernier état de ces planches, après avoir passé par le burin de Hondius, ne ressemble plus en rien aux premiers tirages : non seulement le travail du premier graveur et entièrement refait, mais encore Hondius a cru devoir augmenter son édition de 3 planches nouvelles, qui représentent une *Danse des Morts.* — Malgré la date peu ancienne de cette dernière édition, il est difficile de s'en procurer de bons exemplaires : quant à celles du XVIe siècle, ils sont devenus absolument introuvables.

Ce qui ajoute à l'intérêt de ces Funérailles, c'est qu'on y retrouve les costumes exacts du règne, et les portraits d'un grand nombre de personnages appartenant aux premières familles des Pays-Bas.

407. [1571.] BREF ET SOMMAIRE RECUEIL de ce qui a esté faict et de l'ordre tenue à la joyeuse Entree du prince Charles IX... en sa bonne ville de Paris ; avec le Couronnement de Mad. Elisabet d'Austriche son espouse et l'Entrée de la dicte Dame en icelle ville (par Sim. Bouquet). *Paris, Denis du Pré, pour Olivier Codoré,* 1572, in-4°, avec figg. sur bois ; en vélin, reliure molle.

Le *Bref et sommaire recueil* occupe 53 feuillets, 3 ff. prélim. — Le *Couronnement de la roine,* 10 ff. — *L'entrée de la roine,* 27 ff., dont le dernier non chiffré.

Il y a de plus dans cet exempl. « *La Congratulation au Roy, de la paix faicte par S. M. entre ses subjectz* par Est. Pasquier, en 9 ff.

Exempl. bien conservé de ce livre rare, recherché pour les belles figures sur bois dont il est orné.

408. [1582.] ENTRÉE A ANVERS. — La joyeuse et magnifique Entrée de Mgr. Françoys de France, Duc de Brabant, en sa ville d'Anvers. *Anvers, Chr. Plantin,* 1582, in-4°, cart.

Exemplaire non découpé. — Édition peu commune, bien plus rare que celle in-folio.

409. L'ENTERREMENT DU PRINCE GUILLAUME D'O-
RANGE (le Taciturne) à Delft, 3 août 1584. — *Haec Pompa fu-
nebris spectata fuit Batavorum Delphis, tertio die Augusti : A°
1584. — Henricus Goltzius excudebat*, in-fol. obl., dem. maroq.
rouge et coins.

Premier état à l'adresse de H. Goltzius seul. Cette suite d'estampes
extrêmement rare, se compose de 12 planches gravées à l'eau-forte. Exemplaire bien conservé : les estampes montées avec soin sur papier fort.

410. Les Funérailles du Roi Frédéric II de Danemarc, 1592 ;
gravées à l'eau-forte par F. Hoogenberg et S. Novelani. Vingt
planches in-folio-oblong, montées sur gr. papier teinté ; en
demi-rel. maroq. rouge avec coins.

Très bel exemplaire de cette suite d'estampes très rares. — Les n°ˢ 2, 3,
6 et 7 manquent. — Voyez *Nagler*, VI, 289.

411. [1594.] Entrée du Prince Ernest à Bruxelles. — Hou-
waerts Moralisatie op de Coemst van den hooghgheboren Vorst
Ernesto. *Tot Bruessel, by Jan Mommaert*, 1594, p. in-4°, de
12 ff. cart.

Pièce rare, imprimée en caractères de civilité. — Poëme à l'occasion de
l'Entrée du Prince Ernest à Bruxelles, par J. B. Houwaert, Conseiller.

412. L'ENTRÉE DU PRINCE ERNEST A ANVERS (18 Juill.
1594). — Descriptio publicae gratulationis spectaculorum et
ludorum in adventu Seren. princip. Ernesti... a Joan. Bochio
conscripta. *Antverpiae, ex offic. Plantin.*, 1595, in-fol., dem.
maroq. rouge à nerfs.

Bel exemplaire, grand de marges. Cette Entrée est ornée de 33 grandes
planches, gravées à l'eau-forte par P. van der Borcht. — Ouvrage peu
commun.

413. L'Entrée et l'Inauguration des Archiducs Albert et Isabelle, dans les Pays-Bas Espagnols (1599). — Historica nar-
ratio profectionis et inaugurationis Seren. princ. Alberti et
Isabellae... auct. J. Bochio. *Antverp., J. Moretus*, 1602, in-fol.
dem. rel., NON ROGNÉ.

Bel exemplaire, rare dans cet état. — Les figures d'arcs de triomphe,
d'Entrées et des fêtes publiques, ont été gravées par P. van der Borcht.

414. — — Le même ouvrage. *Antverp.*, 1602, in-fol., figg.,
dem. rellure.

Titre monté.

415. Entrée à Fontainebleau. — Copie d'une lettre contenant la description de l'Entrée triomphale de Don Pedro de
Tholedo faicte à Fontainebleau, le 19 juillet 1608. *à Venise,
par Corn. le Caillier*, 1609 (*Hollande*), in-4°, cart.

Pièce curieuse.

416. [1612.] Le Carousel des pompes et magnificences faictes en faveur du mariage de Louis XIII. . en la place royalle à Paris, avec les noms des seigneurs. *Paris*, 1612, in-8°. br.

417. L'ENTERREMENT DU PRINCE GUILLAUME-LOUIS DE NASSAU, Capitaine-général de la Frise, à Leeuwarde, le 13 Juillet 1620. — En quatre estampes grand in-folio. — *P. Harlingensis inventor et sc.* — *Gedruckt t'Amsterdam by Claes Jansz. Visscher* : en 1 vol. in-fol. dem. maroq. rouge avec coins.

Magnifique exemplaire de cette suite d'estampes, *très rare*. Elle est gravée par *Pierre Feddes*, natif de Harlingue.

418. Theatre funebre ou sont representeez les funerailles de plusieurs Princes et la vie et les obseques de Albert le Pie, par Adr. de Meerbeeck d'Anvers. *Bruxelles*, 1622, p. in-8°, figuré sur bois, vélin, tr. dor. (Mouillure).

419. L'ENTERREMENT DU PRINCE MAURICE d'Orange-Nassau, le 16 sept. 1625 à Delft. — *Veneunt Amstelodami apud Nic. J. Visscher*, 1625 ; 4 planches gravées collées ensemble ; relié en 1 vol. in-fol., dem. maroq. rouge avec coins.

Pièces belles et *très-rares*, gravées par G. van Schindel.

420. Histoire curieuse de tout ce qui c'est passé à l'Entrée de la Reyne mere dans les villes des Pays-Bas (en 1631). *Anvers, Moretus*, 1632, in-fol., avec de jolies figures sur cuivre, dem. maroq. rouge et coins, tr. dor.

Avec un frontispice gravé, le portrait de la Reine et 3 estampes de l'Entrée à Mons, à Bruxelles et à Anvers. L'exemplaire est très grand : une légère piqûre dans la marge.

421. L'ENTRÉE DE MARIE DE MÉDICIS à Amsterdam (1638). — C. Barlaeus. Medicae hospes, sive descriptio gratulationis qua S. Reg. Mariam de Medicis excepit S. P. Amstelod. *Amstelod., Blaeu*, 1638, in-fol., cuir de Russie à fil.

Exemplaire de dédicace, aux armes de la ville d'Amsterdam. On sait que cette sorte d'exempl. se recommande par le choix des estampes, qui sont du *premier état, avant les noms des artistes, avant les numéros* et *avant* les travaux au burin, ajoutés pour les tirages suivants.

En tête de l'exemplaire se trouve la planche rare des *quatre Bourgmestres* et on y a ajouté bon nombre de planches des tirages postérieurs, qui font ressortir les différences d'état et que nous allons brièvement indiquer :

1° *Le portrait de la Reine*, d'après le tableau de Honthorst ; 1er état, avant la balustrade et le fond blanc : 2e état, avec la balustrade et avec la vue de la ville au fond.

2° *Le Cortége le long du Harlemmer-weg* : deux tirages, dont l'un avant, l'autre avec les retouches au ciel.

3° *L'entrée par le Nieuwendyk* : deux états, l'un avant, l'autre avec les travaux ajoutés au premier plan.

4° *Cortège au Voorburg Wal* : deux états, l'un avant, l'autre avec les travaux à l'arc de triomphe.

5° *Promenade sur l'Amstel* ; deux états, l'un avant, l'autre avec le ciel.

6° *Jeux nautiques* (sur l'Amstel); deux états, avant et avec les noms des artistes.

7° *Promenade sur l'Y* ; trois états : avant les armoiries, le numéro et le texte ; avec les armoiries, avec le numéro, avant le texte ; sur une feuille, avec les armoiries, avec le numéro et avec le texte (inscription en 3 lignes).

8° *Le départ de la Reine* : deux états : le premier, avant le ciel ; le petit chien au premier plan, sans tête, le bâtiment à droite, non ombré ; le deuxième état, avec le ciel ajouté, le petit chien terminé, le nom des artistes ajoutés et enfin de nombreux travaux au burin, qui changent entièrement l'aspect de la planche.

422. L'ENTRÉE DU PRINCE FERDINAND à Anvers (1635). — Pompa introitus Seren. princip. Ferdinandi Austriaci, Hispan. Infantis... illustrabat Casp. Gevartius. *Antverpiae, apud Th. a Tulden*; 1641, gr. in-fol., figg. et frontisp. d'après Rubens, en vélin, aux armes d'Espagne.

Exemplaire du *premier tirage,* avec la date CIϽϽC.XLI au dernier feuillet. (Voir *Brunet*, II, 1575).

Précieux exemplaire, dans lequel se trouvent DEUX DESSINS ORIGINAUX, avant-projets d'arcs de triomphe, par RUBENS, portant chacun *quelques lignes d'écriture* de la main du grand artiste. — En tête, un beau portrait du peintre, par Nattier. d'après Van Dyck, ainsi que le second portrait du prince Ferdinand (en buste) ajoutés : vis à vis du premier feuillet de texte, est placée une troisième planche, monument funéraire de Gevartius. gravée par Lommelin. L'exemplaire laisse quelque peu à désirer sous le rapport de la conservation et il lui manque la planche *vue de la ville*, p. 172.

423. L'Entrée du Prince Ferdinand à Gand. (1635). — Seren. princ. Ferdinandi... triumphalis introitus in Flandriae metrop. Gandavum, auct. G. Becano. *Antverpiae, Meursius*, 1636, in-fol., vélin (aux armes de Gand).

Orné de nombreuses figures sur cuivre, dont la dernière, le feu d'artifice, manque.

424. L'Entrée de la Reine Henriette d'Angleterre, dans la ville d'Amsterdam, 1642. — (Beschrivinge van de blyde Inkomste, etc.) *Amsterdam*, 1642, in-fol. en vélin.

Avec figures d'arcs de triomphe et six planches allégoriques par Nolpe. Cette dernière suite en double, de deux tirages différents, dont l'un très beau d'épreuves.

425. L'Enterrement du Prince Frédéric-Henri d'Orange, 10 mai 1647. — *Laaste Lyckplicht van Zyn Hoogheit*, etc. (gravé par Françoys van Beusekom) ; grande planche sur cuivre, in-folio, avec la légende.

Belle épreuve.

426. LE SACRE DE LOUIS XIV à Reims, le 7 Juin 1654, gravé par Jean Le Pautre : trois grandes estampes sur cuivre, belles épreuves, en 1 vol. in-fol. max., dem. maroq. rouge.

Pièces rares, gravées pour la Collection du *Cabinet du Roy*, en 1655. — Voyez Nagler, *Künstler-Lexicon*, XI, 28.

427. Jubilés, Cavalcades et autres fêtes, qui ont eu lieu à Malines, Bruxelles, Anvers, etc. (1660-1741); in-4°, avec figg. sur cuivre, veau brun.

Ce Recueil contient : *Jubilaeum quarti sœculi Colleg. canonic. Zellariensium. Mechl.*, 1660. — *Afbeldinghe van de archen triumphalen tot lof van den H. Rumoldus. Ibid.*, 1680. — *Bly-eindende treurspel van het leven van den H. Rombout*, door Basuel. *Ibid.*, 1680. — *Kort verhael van het Mirakel te Brussel*, 1720. — *Jubilé te Antwerpen, herstelling des geloofs*, 1685. — Cavalcades à Bruxelles, et différentes autres pièces peu communes.

428. (Jaecques Stroobant) BRUSSELSCHE EERTRIUMPHEN... (Description des cérémonies publiques d'Entrées, Tournois, etc. qui ont eu lieu à Bruxelles, jusqu'aujourd'hui) *Brussel* (1670), in-fol., nombr. planches gravées d'arcs de triomphe, v. br.

Rare. — Dans le même volume : *Cafmeyer, Historie van t'alderh. Sacr. van Mirakel. Ibid.*, 1720, avec les 2 supplém. et les figg. — et la deuxième édition de la même Relation, avec les figg., imprimée en 1735.

429. La Pompeuse et Solennelle Entrée de leurs Altesses Henry-Casimir et de Madame Amelie (princesse de Nassau), dans la ville de Leuwarde, capitale du Pais de Frise, le 19 d'Aout 1684, *à Leuwarde, chés Jacques Hagenaar*, in-4°, cart.

Description en vers, signée Van Gangelt.

430. Beschrievinge der Princelijcke Inhaalinge van Hendrik Casimir, Stadthouder, en de Mevr. Amelia (binnen Leewarden, 19 Aug. 1684). *Leeuwarden, by Jacob Hagenaer*, 1684, in-4°, de 11 ff., cart.

Autre relation, entièrement différente, de la même Entrée, avec de curieux détails sur les arcs de triomphe et les fêtes qui ont eu lieu alors.

431. Nader en breder Beschrievinge der Princelycke Inhaalinge van prins Hendrik Casimir, ende Amelia van Nassau, als wanneer deselve wierden ingehaalt (binnen Leeuwarden, 19 aug. 1684). *Ibid., idem*, in-4°, de 17 ff., cart.

Édition différente de celle qui précède.— Ces trois pièces sont peu communes.

432. Catafalque érigé dans l'église de la Croix à Dresde (4 mai 1687) en l'honneur de l'Electrice de Saxe, Madelaine-Sybille de Brandenbourg. — *Philipp. Kilian sculps.*; pièce gravée sur cuivre in-folio.

On y ajoute une deuxième planche représentant « *l'Exposition du corps* » de la même dame, gravée par Hockner.

433. Cavalcade à Dresde (7 févr. 1695). — Représentation de la Cavalcade donnée à Dresde, par l'Electeur de Saxe, le duc Frédéric-Auguste. (*Dresde*, 1697). In-fol. oblong, (texte en allemand), avec 20 gr. planches doubles, dem. vélin.

Ex. bien conservé de ce livre curieux.

434. [1697.] Arrivee de Mess. les Ambassadeurs pour la paix generale à la maison royale de Neubourg à Ryswyck. — *P. Schenck exc. Amstelod.* ; in-folio, planche gravée sur cuivre.

435. COURONNEMENT DE FRÉDÉRIC Ier, premier Roi de Prusse, à Königsberg, le 10 janvier 1701; gravé par J. G. Wolfgang. *Berlin, anno* 1712, in-folio, dem. maroq. rouge et coins.

Bel exemplaire d'une suite d'estampes, assez considérable, qui représentent les épisodes de cet évènement fastueux. — Trois cents chevaux, dit la *Biographie Universelle*, furent employés pour transporter la cour ; les boutons de l'habit du Roi avaient coûté trois mille ducats chacun. Aussi le couronnement épuisa le trésor.

Cette collection est précédée des portraits du Roi et de la Reine ; le cortége forme une immense pièce de plusieurs pieds de long, il est terminé par quelques planches de fêtes publiques, et de cérémonies les plus remarquables.

436. Rejouissances et fêtes magnifiques qui se sont faites en Bavière l'an 1722 au mariage du... Prince Electoral avec Mad. Marie Amelie de Boheme ; avec une description des palais où les fêtes se sont passées (par F. Pierre de Bretagne). *à Munique, l'an* 1723, p. in-fol., dem. vélin.

Avec 22 planches sur cuivre, des fêtes et vues des Palais.

437. LE SACRE DE LOUIS XV, dans l'église de Reims, le 25 oct. 1722 (redigé par Danchet). Très grand in-folio, maroq. aux armes et au chiffre du Roi, tr. dor. (anc. rel.).

Somptueuse publication, ornée de grandes et belles estampes par Tardieu, de Larmesin, Edelinck, Audrand et autres : le texte également gravé, est illustré de belles bordures, vignettes, fleurons et culs de lampe. Les dernières planches représentent les costumes du roi, des magistrats, du clergé et des seigneurs qui assistèrent au couronnement.

Exemplaire très bien conservé.

438. [1737.] Description de ce qui s'est passé de plus remarquable a Turin, au mariage de LL. MM. Charles Emmanuel roy de Sardaigne et Elisabeth de Lorraine, avec la relation de l'exposition du S. Suaire. *Turin,* 1737, p. in-fol., avec 14 pl. gravées, veau brun à comp. (*aux armes*).

439. Description des principales rejouissances faites à la Haye (en 1745 et 1746), à l'occasion du couronnement de François Ier de Lorraine (comme Empereur romain). *La Haye,* 1747, gr. in-fol. cart.

Orné de sept planches du feu d'artifice, d'arcs de triomphe, etc.
Texte en français et en hollandais.

440. ENTRÉE DU PRINCE GUILLAUME V d'Orange à Amsterdam (30 mai 1768). — Afbeelding der vreugdebedryven en plegtigheden by de aankomst van Z. H. Prins Willem van Oranje.... (*Amsterdam, Joh. Smit*, 1772), gr. in-fol. dem. maroq. rouge et coins.

Bel exemplaire. — Cette Entrée se compose d'un frontispice et de 14 gr. planches, gravées par Vinkeles et Fokke.

441. La Promenade en traineaux (et en costume), faite par les Étudiants de Leyde, à l'occasion de la deuxième fête séculaire de l'Université, le 9 août 1775. — In-folio oblong, en demi veau rac.

Suite de douze planches à l'eau-forte, par S. Fokke. — Épreuves *avant la lettre*.

442. Les fêtes de Septembre à Bruxelles, en 1848 ; description des fêtes et cérémonies publiques (par Ch. Henne). *Brux.*, gr. in-8°, figg. sur bois, dem. v. bleu.

443. Grand Album historique du Cortège organisé (à Bruges) à l'occasion du mariage de S. A. R. le Duc de Brabant, par L. Macquet. *Bruges*, 1853, gr. in-8°, figg., br.

444. Funérailles de S. M. Léopold premier Roi des Belges. *Brux.*, 1866, in-fol., portrait, blason et 5 pl., cart.

Architecture et Sculpture.

445. J. A. Coussin. Du génie de l'architecture, son origine, ses propriétés. *Paris, Didot*, 1812, gr. in-4°, nombr. figg., cart. n. r.

446. Journal belge de l'architecture et de la science des constructions publié par Versluys et autres. *Bruxelles, années* 1850 à 1855, 3 vol. gr. in-8°, et 2 vol. d'atlas in-folio oblong., dem. rel.

447. Cés. Daly. Revue générale de l'architecture et des travaux publics. *Paris,*1840-41, tom. I-II, 2 vol. gr. in-4°, figg., dem. maroq.

448. M. Vitruvii Pollionis de Architectura libri X, cum glossar. et notis Aug. Rode. *Berol.*, 1800, in-4°, et figures in-folio, cart. n. r.

449. Architecture de Palladio, avec des notes d'Inigo Jones ; le tout revu par J. Leoni. *La Haye*, 1726, in-fol., 4 part. en 1 vol., avec portrait et figures sur cuivre, v. br.

450. Règles des cinq ordres d'architecture de J. Barozzio de Vignole, enrichi de vignettes et cartels par Babel. *Paris*, 1747, in-4°, texte et figg. sur cuivre, veau brun.

451. A. W. Pugin. Types d'architecture gothique, empruntés aux édifices les plus remarquables construits en Angleterre, pendant les XIIe au XVIe siècles. *Paris et Liége*, 1863, 3 vol. in-4°, avec 225 planches, cartonnés.

452. Les ouvrages d'architecture ordonnez par Pierre Post, architecte des Princes d'Orange. *Leide*, 1715, in-fol., beau portrait du prince Maurice et nombr. figg., en vélin.

Bel exemplaire, comprenant : *La maison du prince Maurice, la Sale d'Orange, la maison Swanenburg, la maison de ville de Maestricht, la maison du poids de la ville de Gouda, la maison de Vredenburg, et les Cheminées,* chaque partie précédée d'un titre.

453. A. C. Daviler. Cours d'architecture avec des comment., les figures et descriptions de batimens, etc. *Paris, Mariette,* 1720, 2 vol. in-4°, figures, v. br.

454. Cours d'architecture ou traité de la décoration, distribution et construction des bâtiments par J. F. Blondel. *Paris*, 1771, 6 vol. de texte et 6 vol. de planches, in-8°, dem. rel.

Ouvrage recherché.

455. Disegni di vari Altari e Capelle nelle chiese di Roma, date in luce da Gio. Giac. de Rossi : 50 planches sur cuivre. — Diverses figures hierogliphiques (Carriatides) peintes par Raphael d'Urbin dans une des salles du Vatican. *à Paris, chez Audran*, 13 planches. En 1 vol. gr. in-fol., en vélin blanc à fil. et compart.

Très bel exemplaire.

456. Ornements de Le Pautre. — Nouveau livre d'porte d'la Chambre, 6 pl. — Grilles en fer, 6 pl. — Portes, 6 p. — Portails d'église à l'italienne, 6 p. — Desseins de lambris, 6 p. — Nouveaux desseins de cheminées, 6 p. — Meubles, 4 p. — Dessings pour orner les Carosses, 6 p.— Vases, decors, cheminées, alcoves, 24 p. — Barbet, Livre d'autels et de cheminées, etc. *Amsterdam, Danckers.* En 1 vol. p. in-fol. br.

457. Le Pautre. Plafonds, 6 pl. — Frises, 6 pl. — Confessionaux. *à Paris, chez Mariette,* 6 pl. — Chaires de predicateurs, 1659, 6 pl. — Autels, 6 pl., montées en 1 vol. p. in-folio, cart.

458. M. Normand, fils. Paris moderne, ou choix de maisons construites dans les nouveaux quartiers de la capitale. *Liége, Avanzo,* 2 vol. in-4°, avec 318 pl. grav., dem chagr.

459. Les Cimetières de Paris. Recueil des plus remarquables monuments funèbres, dessinés par Quaglia. (Plus de 200 monuments). *Paris, s. d.*, p. in-folio, cart.

460. Fr. Hitzig. Ausgeführte Bauwerke. *Berlin, Ernst et Korn*, tom. I et II, 1re et 2e partie, in-folio, toile et cart., avec pl. gravées et en chromo-lithogr.

461. Fr. Hitzig. Wohngebäude der Victoria Strasse in Berlin. (Avec 18 pl. noires et en chromo). *Berlin, s. d.*, in-folio, toile.

462. Société anonyme des Mines et fonderies de la Vieille Montagne. Album de 30 vues (coloriées) par A. Maugendre. *Paris*, 1850-51, gr. in-fol. obl., relié.

—————

463. A. Le Noir. Description des monumens de sculpture, réunis au Musée des monumens français. *Paris*, 1806, in-8°, broché.

464. Les Monumens antiques du Musée Napoléon, gravés par Th. Piroli, avec les explications par M. Schweighaeuser. *Paris*, 1804, 4 vol. in-4°, avec 318 pl., cart. non rogn.

465. Le Statue della favola di Niobe della Galleria di Firenze. *Pisa*, 1821, in-4°, avec 18 pl. gravées, en feuilles.

466. Recüeil des figures, groupes, thermes, fontaines, vases et autres ornemens tels qu'ils se voyent a present dans le chateau et parc de Versailles, par Simon Thomassin. *Paris*, 1694, in-8°, avec 218 pl. gravées, v. br.

Arts divers.

467. Dictionnaire des arts et manufactures, de l'agriculture, etc., par C. Laboulaye. *Paris*, 1853, 2 gros vol., gr. in-8°, dem. bas., avec figg.

468. The London Art-Union Annual for 1845 and 1847. — Art Journal, illustr. Catalogue of Industry of all nations. *London*, 1851 ; ens. 3 vol. gr. in-4°, avec figg., en toile dor.

469. Alex. Brongniart. Traité des arts céramiques et des poteries. *Paris*, 1844, 2 vol. in-8° et atlas in-4° obl., dem. veau.

470. Les Merveilles de l'art céramique, ou l'art de façonner les vases, faïence et porcelaine, par A. Jacquemart. *Paris, Hachette*, 1868, 3 vol. gr. in-12, figg. brochés.

471. Disegni diversi inventate da G. Giardini da Forli, argentiere del Palazzo Apost. *Roma*, 1714, in-fol., 2 parties avec 100 planches gravées et 2 frontisp., brochés, non rognés.

Recherché pour les modèles d'argenterie du XVIIIᵉ siècle qu'il renferme. — Cet ouvrage est devenu rare.

472. Art de la verrerie de Neri, Merret et Kunckel, traduit de l'allemand. *Paris*, 1752, in-4°, avec figg., veau marbr.

473. Ch. Bride. Le Vignole du serrurier, cours de dessin appliqué à la serrurerie. *Paris*, in-4° obl., avec 48 pl., br.

474. L'art du distillateur par Demachy. (*Paris*), 1773-75, 2 part. en 1 vol. in-fol., figg. v. rac.

475. Grétry. Mémoires ou essais sur la musique. *Paris, an V*, in-8°, cart.

476. Les dons des enfans de Latone : la musique et la chasse du cerf. *Paris*, 1734, in-8°, frontisp. et musique, v. br.

477. IL BALLARINO di Fabr. Caroso, diviso in duo trattati, ornato di molte figure et con l'intavolatura di Liuto et il Soprano della Musica di ciascun Ballo. *Venetia, Fr. Ziletti*, 1581, in-4°, figg. sur cuivre et musique notée, veau rac.

Bel exemplaire. Les figures sont très intéressantes pour les *costumes*. Première édition de ce livre rare.

478. JEU DE CARTES consistant en 32 feuilles, sur carton bristol, dans un étui.

Jeu de Cartes PEINT A L'AQUARELLE, rehaussé d'or, par un des plus habiles peintres d'Anvers. Chaque carte mesure 177 sur 114 millim. et porte de fort jolis dessins de personnages historiques, rois et reines de France et d'Angleterre, Falstaff, Michel le Violoneux, etc. — Les cartes numérales sont ornées de dessins d'étoffes orientales des plus variés : les quatre *as* ont une initiale ; en les réunissant ils composent le nom d'un bibliophile flamand fort connu autrefois, auquel on doit l'existence de ce charmant objet.

BELLES-LETTRES

Littérature grecque et latine.

479. Homeri Batrachomyomachia Joanne Capnione Phorsensi metaphraste. — *Impressum Craccoviae per Hieronymum Victorem*, 1522, lettres rondes, de 8 ff. — Modus predicandi subtilis et compendiosus Steph. Hoest. *Argentoraci, ex aedibus Joannis Prys*, 1513, 10 ff., en 1 vol. in-4°, dem. veau.

La première partie de ce volume, est rare.

480. Museai opusc. de Herone et Leandro ; Orphei argonautica, etc. *Venetiis in aed. Aldi*, 1517, in-12, en vélin.

481. (Longus) Les amours pastorales de Daphnis et Chloé. *Sans lieu*, 1745, p. in-8°, frontisp. et figg. gravées, veau écaille à fil., tr. dor.

482. Amours de Théagènes et Chariclée, histoire éthiopique. *Londres*, 1743, 2 vol. in-12, figg. et vign., veau brun.

483. Publ. Virgilii marōis Opera. — *Impressum in civitate Argentiñ... impensa mag. Joh. Grieninger, anno* 1502, in-fol., lettres rondes, figg. sur bois enluminées, v. ant.

Édition recherchée pour les nombreuses et curieuses figures sur bois, qu'elle renferme. — Exempl. bien conservé, malgré des raccomm. et des taches aux 8 premiers feuillets.

484. P. Virgilii Maronis opera, per J. Ogilvium edita. *Londini*, 1663, in-folio, figg. sur cuivre, *par W. Hollar*, veau brun.

485. JUVENALIS et A. PERSII Satyrae. (A la fin) : *A. Persii flacci satyrar. expressus codex Brixiae una cum Juvenale Satyrico jubente Praesbytero Petro Villa*, 1473 ; in-fol. de 61 ff., dont 1 blanc, lettres rondes, en vélin.

Exemplaire bien conservé d'une édition fort rare. — Le *Manuel* n'en indique qu'une seule adjudication, à 11 livres 1 sh. chez Pinelli. Cette édition de *Juvenal et de Perse* réunis, est la *plus ancienne avec date*, et un des premiers livres imprimés a Brescia. — Il s'en trouvait un autre exempl. à la vente Crevenna, n° 4035, vendue 110 flor. de Hollande.

486. Plautus, Comoediae XX. *Venetiis, in aed. Aldi et Andr. Asulani*, 1522, p. in-4°, vélin, tr. dor. et ciselées.

Raccommodage à la marge supér. du titre et du premier feuillet.

487. HYGINUS. Hyginii poeticon astronomicon opus utilissimum foeliciter incipit. — *Anno 1485 impressum est presens
opusculum per Erhard. Radtolt. Veneliis,* in-4°, de 56 ff. lettres
rondes, cart.

Très bel exemplaire de l'édition la plus remarquable par le grand nombre de figures sur bois, curieuses et bien gravées, dont elle est ornée.
(*Brunet,* III, 394).

488. Élégies de Tibulle, par Mirabeau, avec figures (de
Borel). *Paris,* 1798, 2 vol. in-8°, cart. n. r.

489. Liber de doctrina Cathonis ampliatus per sermones re-
thoricos et morales, per fratr. Robertum de Euremodio. —
*Impressum in oppido mercuriali Antwerpiensi p: me Gerarda
leeu,* 1485, in-4°, goth., cart. (taché).

Le premier feuillet est blanc, au lieu de porter le titre en quelques
lignes.

490. Mafei Vegei dialogus inter // Alethiam et Philaleten //.
(Au dernier feuillet) *Explicuit feliciter Mafei Vegei di//alogus
int' Alethiā et Philaleten //. S. l. n. d.,* in-4°, goth., de 14 ff. à
27 lignes, jolie figure sur bois au titre, en vélin.

Très bel exemplaire d'une édition *non décrite,* imprimée à Deventer par
Jacobus de Breda, vers 1490.

491. FRANC. PETRARCHA. Rerum memorandarum libri IV.
— Haymo, de christianarum rerum memoria. *S. l. n. d.,* in-4°,
de 222 ff. à 29 lignes, en vélin.

Imprimé à LOUVAIN, par RUDOLPHE LOEFFS DE DRIEL, vers
1484.
Très beau specimen d'un atelier dont on ne connaît que fort peu d'impressions et qui sont toutes de la plus grande rareté.
Voyez sur R. Loeffs, les *Monuments* de M. Holtrop, p. 52.

492. (Seb. Brandt). Epigrâma de diva Katherina. (A la fin)
1496. *Nihil sine causa. I. B.,* in-4°, de 6 ff., lettres rondes. fig.
au titre, dem. veau.

Très grand de marges, avec des témoins. Ce poëme de l'auteur du *Nef
des fols,* est imprimé par Joh. Bergman d'Olpe, à Bâle ; M. Brunet ne l'a
pas décrit.

493. Podalirij Germani, cum Catone Certomio, de furore
germanico.... Dialogus : editus per Theod. Bresemundum Ma-
guntinum.... *S. l. n. d.;* (vers 1496), in-4°, de 12 feuillets, goth.,
dem. veau.

494. Libri philomusi. Panegyrici ad Regē. Tragediā de
Thurcis et Suldano. Dyalog. de heresiarchis. *Actum Argentine
per Mgr. Johannē Grüninger, anno* 1497, in-4°, avec curieuses
figg. sur bois enluminées, cart.

Quelques piqûres.

5

495. Baptiste Fiera Mantuani medici, Coena. *S. l. n. d.*, in-4°, de 20 ff., lettres rondes, cart.

Opuscule en vers, imprimé au commencement du xvi° siècle.

496. Epistole Thurci (Muhammedis secundi) p. Laudiviŭ hierosolimitanŭ equitem. (A la fin) *Impresse Lugduni per Joannē Marion*, 1520, in-4°, avec figg. sur bois, enluminées anciennement, en vélin.

Édition citée par M. Brunet pour les figures.
Exempl. bien conservé.

497. Acolastus. De Filio prodigo, comoedia, Acolasti titulo inscripta auct. G. Gnapheo. *Coloniae. J. Gymnicus excudebat*, 1540, in-8°, br.

498. Opus poeticum de admirabili fallacia et astutia Vulpeculae Reinikes libros IV, ex idiomate germanico donatos, auct. H. Schoppero. *Francof.*, 1567, in-12, figg. sur bois, dem. rel. maroq.

Édition rare du célèbre Roman du Renard.

499. VIRIDARIUM MORALIS philosophiae, per Fabulas Animalibus brutis attributas traditae, iconibus artific. in aes insculptis exornatum. — *Coloniae, edebat Georgius Mutingus*, 1594, titre gravé et 127 figg., en vélin.

Édition latine des *Fabulen der Dieren* d'Edward de Dene (*Brugge*, 1567); elle est ornée des belles eaux-fortes de Marc Gheeraert, qui font rechercher ce livre.
Exemplaire très bien conservé, sauf un léger raccommodage à quelques feuillets.

500. Justi Lipsii Opera omnia. *Antverpiae, Moretus*, 1600-7, 8 vol. in-4°, figg , en vélin.

501. Théatre complet des Latins, par J. B. Levée et par Le Monnier, avec des dissertations. *Paris*, 1820-23, 15 vol. in-8°, br.

Littérature française.

502. Fabliaux ou Contes du xii° et du xiii° siècle, avec des notes histor. et critiques (par Legrand d'Aussy). *Paris*, 1779, 3 vol. in-8°, veau rac.

503. Livre du tres chevalereux comte d'Artois et de sa femme, fille au comte de Boulogne, publié par Barrois. *Paris*, 1837, in-4°, figg., broché, non découpé.

504. Le livre de Baudoyn, conte de Flandre, suivi de fragments du Roman de Trazegnies, publié par MM. Serrure et Voisin. *Brux.*, 1836, in-8°, figg., br.

505. Les Dictz des bestes et aussi des oyseaulx. In-12, goth., avec figg. cart.

Facsimilé tiré à 40 exempl. Celui-ci est sur pap. de chine double.

506. Le Renard (Reineke Fuchs) traduit (d'après Goethe) par Ed. Grenier, illustré par Kaulbach. *Paris, Hetzel*, gr. in-8°, figg. sur bois, dem. maroq. rouge, tête dor., n. r.

507. Les faictz et dictz de feu de bonne memoire maistre Jehan Molinet contenans plusieurs beaulx traictez, oraisons et champs royaulx. *On les vend au palais à Paris, par Jehan Longis*, 1537, in-8°, goth., veau fauve.

Exempl. bien conservé, mais incomplet de la feuille A.

508. Œuvres de Georges Chastellain publiées par M. Kervyn de Lettenhove. *Bruxelles*, 1863-66, 8 vol. in-8°, br.

509. Dialogue treselegant intitule LE PEREGRIN, traictant de lhonneste et pudique amour concilie par pure et sincere vertu, (par Caviceo) traduict par maistre Francoys dassy.... *Imprimez a Paris par Nicolas Couteau, pour Galliot du Pre*, 1527, in-4°, goth., en vélin, dor. s. tr.

Exemplaire de très belle conservation. — Première édition française.

510. Œuvres de Fr. Rabelais, avec la Prognostication Pantagrueline, deux épitres à Deux Vieilles, etc. des remarques critiques (par Le Duchat et de la Monnoye). *Amsterdam, Bordesius*, 1725, 5 vol. p. in-8°, figg., veau fauve.

Bonne édition.

511. Œuvres complètes de Clement Marot, avec des notes histor. et un glossaire. *Paris, Rapilly*, 1824, 3 vol. in-8°, portr., dem. rel.

512. L'Introduction au traité de la conformite des merveilles anciennes avec les modernes, ou traité preparatif à l'Apologie pour Herodote, par Henry Estienne. (*S. l.*) *à l'Olivier, L'an* 1566, in-8°, en vélin, tr. dor.

Édition originale; le chapître 21 n'est pas cartonné. — Bel exempl. grand de marges; quelques notes.

513. Les Contes et discours d'Eutrapel par le feu seigneur de la Herissaye. *à Rennes, pour Noel Glamet*, 1603, in-8°, en vélin.

514. Les Omonimes, satire des mœurs corrompues de ce siècle, par Ant. du Verdier. *Lyon, Gryphius*, 1572, in-4°, en vélin.

Bel exempl. de cette pièce *très rare* et fort curieuse. (Voir *Brunet*).

515. Histoires prodigieuses, avec les pourtraits et les figures (par Fr. de Belleforest, Boaistuau, de Marconville, etc.). *Paris*, 1597, 6 tom. en 3 vol. in-16, figg. sur bois, veau jaspé à fil.

516. Le Pétrarque en rime françoise avecq ses commén-
taires, traduict par Ph. de Maldeghem. *Douay, Fabry*, 1606,
in-8°, vélin.

Les premiers feuillets endommagés d'humidité.

517. FRUICTS DE LA PAIX (les), soubs le nom de Trefves
entre le Roi des Espaignes et les illustres Etats-generaux; con-
clue en Anvers le 9 d'Apvril 1609. *a Utrecht, par Salomon de
Roy*, 1609, in-4°, de 10 ff. en vélin.

Ce poëme très-rare est de JEAN FRANÇOIS LE PETIT, ancien greffier
de Béthune, qui s'était retiré en Hollande.
A la fin de la pièce on lit l'anagramme du poëte « *J'aten cy la fin et
repos, Petit a Petit*. — Ce poëme est vraisemblement une des dernières
œuvres de l'auteur, car on ne trouve plus de trace de lui après l'année
1615.
M. Brunet n'a pas mentionné ce volume.
Exemplaire de belle conservation.

518. Le Pater-noster des catholiques. — L'Ave Maria. —
Salutation angélique. — Le Confiteor de Henry-le-grand.
Paris, 1611, 4 pièces en 1 vol. p. in-8°, br.

Pièces en vers, peu communes.

519. Voyage de maistre Guillaume en l'autre monde, vers
Henry le Grand. *Paris*, 1612, in-8°, d. v.

Pièce curieuse d'un bouffon de cour qui a été le fou en titre de Henri IV.

520. L'Astrée de Messire, Hon. d'Urfé (la 1ʳᵉ partie). *Paris*,
1615, in-8°, frontisp. vélin.

521. (Du Bois-Hus). La Nuict des Nuicts, le iour des iours, le
miroir du destin ou la nativite du Daufin... et le tableau de ses
aventures fortunees. *Paris*, 1641, in-12, frontisp., vélin.

Exempl. bien conservé de ce poëme singulier.

522. Les Marguerites françoises ou fleurs de bien dire, contenant plusieurs belles et rares sentences morales, recueillies
par Fr. Des-rues. *Rouen, chez Jean le Cousturier*, s. d., 2 part.
en 1 vol., in-12, vélin.

Légère tache d'eau.

523. Théatre de P. Corneille, avec des commentaires. *Genève*,
1774, 8 vol. in-4°, veau éc. à dent., tr. dor.

Édition ornée de belles figures par Gravelot.

524. Œuvres de Pierre Corneille; nouvelle édition revue, par
Ch. Marty-Laveaux. *Paris, Hachette*, 1862-68, 12 vol. in-8°,
avec figg., brochés.

Exemplaire neuf, non decoupé.

525. LA CRITIQUE DE L'ESCOLE DES FEMMES, comedie par J. B. P. Moliere. *à Paris, chez Guill. de Luyne*, in-12, de 4 ff. et 86 pp., maroq. rouge, tr. dor.

ÉDITION ORIGINALE, très-rare. — Exempl. bien conservé ; la marge en tête est un peu courte.

526. Œuvres de Molière, précédées d'une notice histor. par M. de Sainte-Beuve ; vignettes par Tony Johannot. *Paris, Dubochet*, 1836, 2 vol. gr. in-8°, figg. sur bois, brochés.

Premier tirage de cette édition. Quelques feuillets tachés de rousseur.

527. Œuvres complètes de Molière ; édition variorum par Ch. Louandre. *Paris, Charpentier*, 1864, 3 vol. gr. in-12, portr. br.

528. Œuvres complètes de Molière, avec des notes de tous les commentateurs. *Paris, Didot*, 1866, gr. in-8°, à 2 col., portr. br.

529. Contes de La Fontaine ornés d'un portrait et de 75 figg. d'après Desenne. *Paris, Nepveu*, 1820, 4 vol. in-12, br.

530. Contes et Nouvelles en vers de M. de la Fontaine. *Londres*, 1778, 2 vol. in-12, figg. de Duplessis-Bertaut, veau écaille à fil., tr. dor.

Quelques feuillets tachés d'eau.

531. Œuvres choisies de Ch. Perrault, publiées par Collin de Plancy. *Paris*, 1826, in-8°, portr., dem. maroq. bleu, n. r.

532. Théatre complet de J. Racine, avec le commentaire de La Harpe. *Paris*, 1817, 5 vol. in-8°, figg , veau rac.

533. Œuvres de Fénélon. *Paris, Dufour et Cie*, 1826, 12 vol. in-8°, brochés.

Édition estimée.

534. L'examen des esprits pour les sciences, où se montrent les differences des Esprits et à quel genre chacun est propre... par J. Huarte. *Amsterd., Ravestein (Elzevier)*, 1672, in-12, vélin, frontisp.

Bel exempl. — Voyez *Pieters*, p. 440.

535. La manière de bien penser dans les ouvrages d'esprit (par le P. Bouhours). *Amsterdam, Abr. Wolfgang*, 1688, in-12, en vélin.

Haut. 132 millim. — Annexe aux Elzevier.

536. Lettres choisies du Sr de Balzac. *Amsterd., chez Dan. Elsevier*, 1656, in-12, frontisp. gravé, en vélin.

Hauteur 130 millim. — *Pieters*, p. 276.

537. Lettres familieres de M. de Balzac à M. Chapelain. *Leiden, chez Jean Elsevier*, 1656, in-12, vélin.

Édition peu commune. — Hauteur 130 millim.

538. Les Œuvres de M. le Noble. *Paris,* 1718, 19 vol. p. in-8°, veau brun.

539. Histoire secrete de la reine Zarah, et des Zaraziens. *Imprimée dans le royaume d'Albigion*, 1708, in-12, vélin.

540. L'Atlantis de Mad. Manley, contenant les intrigues politiques et amoureuses de la noblesse d'Angleterre. *Londres,* 1714, 3 vol. in-12, veau fauve.

541. Œuvres diverses de M. de Fontenelle, avec les figures gravées par Bernard Picart. *La Haye*, 1728, 3 vol. in-fol., frontisp. et vign., veau écaille à dent. tr. dor.

Belle édition.

541*bis*. — — Le même ouvrage, 3 vol. in-fol., veau marbr. à fil, figg. (sans le frontispice).

542. Œuvres de Mons. Riviere du Freny (Théatre). *Paris,* 1731, 7 vol. in-12, veau br.

Le portrait manque.

543. Œuvres mêlées de l'abbé Nadal. *Paris*, 1738, 2 vol. p. in-8°, veau br.

544. J. Van Effen. La Bagatelle ou discours ironiques, *Lausanne*, 1743, 2 vol. p. in-8°, portr. br.

545. Amusement des Dames ou nouveau recueil de chansons choisies. *La Haye*, 1756, in-8°, avec la musique notée, broché, non rogné.

546. Clairval philosophe ou la force des passions. *La Haie*, 1765, 2 tom. en 1 vol. p. in-8°, d. v.

547. (Dorat). Lettres en vers et œuvres mêlées. *Paris*, 1767, 2 tom. en 1 vol. in-8°, cart. non rogné.

Orné de 2 frontispices, de 10 planches et de 22 fleurons et culs-de-lampe, gravés d'après Eisen.

548. La Henriade, poëme, suivi de quelques autres poëmes de Voltaire. (*Kehl*) *de l'impr. de la Société*, 1789, gr. in-4°, anc. maroq. vert à comp., dor. s. tr.

Belle édition.

549. La Henriade de M. de Voltaire, nouv. éd., avec figures par Duflos. (*Amsterd.*), gr. in-8°, veau marbr., papier fort.

550. (Voltaire) Contes de Guillaume Vadé. (*S. l.*) 1764, in-8°, v. marbr.

551. Les ŒUVRES de VOLTAIRE, (avec des notes de MM. Renouard, Clogenson et autres). *Paris, Renouard*, 1819-25, 66 v. in-8°, brochés.

Exemplaire en GRAND PAPIER VÉLIN, d'une belle édition.

552. J. J. Rousseau. La nouvelle Heloise ou lettres de deux amans. *Neuchatel*, 1764, 4 vol. (figg. de Gravelot). — Œuvres diverses. *Ibid.*, 1764, 10 vol. ens. 14 vol. in-8°, veau écaille à fil.

553. Contes moraux et nouvelles idylles de Salom. Gessner. *Zuric, chez l'auteur*, 1773, in-4°, figg. et fleurons à l'eau-forte, d. v.

554. Œuvres du cardinal de Bernis. *Paris, Delangle*, 1825, in-8°, portr., dem. veau fauve à petits fers, tête dor., n. r.

Joli exempl. en *papier vélin*.

555. J. B. Rousseau. Œuvres choisies. *Paris, Janet et Cotelle*, 1823, in-8°. avec portrait, broché.

Exemplaire en Grand papier Vélin.

556. Paul et Virginie, par Bernardin de St Pierre. *Paris, Curmer*, 1838, gr. in-8°, maroq. brun, ornements sur les plats, tr. dor.

Premier tirage de ce beau livre illustré. La planche du *Docteur* s'y trouve en deux sujets différents ; les figures de Paul et de Virginie sont *avant la lettre :* une planche rare de la première composition, de *Mad. de la Tour*, Chine, avant la lettre, y est ajoutée.
Les autres planches sur cuivre sont du tirage à l'adresse de Furne, montées sur papier jaune.

557. M. de Marivaux. La vie de Mariane. *Londres*, 1782, 4 vol. in-16 (Cazin), figg., veau racine.

558. Poésies choisies de Sauveur le Gros, (publiées par M. Loumyer). *Brux.*, 1857, in-8°, br.

Exempl. sur *papier vert;* une ancienne épreuve du portrait à l'eau-forte, ajoutée.

559. Vie de Charles de Navarre, prince de Vienne. *a Lausanne*, 1788, 1 vol. in-12, br. non rogné.

Ouvrage non cité.

560. Le nouvel Abeilard ou lettres de deux amans qui ne se sont jamais vus (par Rétif de la Bretonne). *Neufchatel, (Paris, Vᵉ Duchêne)*, 1778, t. I, II, IV; fig., 3 vol. br. *non rognés*.

— idem. 2ᵉ édition. *En Suisse, chez les libraires associés*, 1779, 4 vol. in-8°, br. *non rognés*.
Complet. Cette édition a paru sans figures.

561. Le paysan perverti, par N. E. Rétif de la Bretonne. *La Haye (Paris, Duchêne)*, 1776, in-12, tome Ier, br. non rogné.

Édition non citée par Monselet.

562. La paysanne pervertie (par Rétif de la Bretonne). *La Haye, (Paris, V^c Duchêne)*, 1786, t. I. 2 fig. t. III, sans fig. Br. non rog.

Ces titres diffèrent de ceux donnés par Monselet.

563. La découverte australe, par un homme volant, ou le Dédale français, (par Rétif de la Bretonne). *Leipsick et se trouve à Paris*, t. III et IV, 2 fig.. 2 tom., 1 vol. in-8°, br. non rognés.

564. Les Françaises, ou XXXIV exemples choisis dans les mœurs actuelles (par Rétif de la Bretonne). *Neufchatel et se trouve à Paris, chez Guillot,* 1786, t. I-III, 3 vol. in-8°, 26 gravures.

Manque le tome IV : les Mères.

565. Adelaïde ou l'amour et le repentir. Anecdote volée, par M. D. M. (Savin). *Amsterdam, Changuion, Paris, Costard,* 1769, 1 vol. in-8°, v. rac.

Roman curieux, contre les couvents. Avec trois belles estampes et 1 front. dessinés par Meyer, gravés par Fessard.
V. Barbier, I, 22.

566. Les jeux, caprices et bizarreries de la nature, par l'auteur de *Ma Tante Geneviève,* (par Dorvigny). *Paris, Barba,* 1808, 3 vol. in-8° br., n. r., 2 fig. de Monnet et Bovinet.

Roman singulier ayant pour donnée les monstruosités physiques de l'espèce humaine. Deux notes écrites en marge le caractérisent fort bien.

567. Almanach des adresses des demoiselles de Paris, de tous genre et de toutes les classes ou calendrier du plaisir, contenant leurs noms, demeures, âges, portraits, caractères, talents, etc. *A Paphos,* 1791, 1 vol. in-12, br., non rogné.

Petit livre contenant plusieurs centaines de noms, dont plusieurs sont célèbres, avec des détails ! !...
De la plus grande rareté.

568. La femme infidelle par Maribert-Courtenay (Rétif de la Bretonne). *Neufchatel (Paris),* 4 parties, 3 vol. in-8°, br., non rognés.

Roman contre les femmes lettrées, dans lequel Rétif fait le tableau des égarements de sa femme.
Variante de titre non signalée par Monselet.

569. Le Quadragenaire ou l'âge de renoncer aux passions (par Rétif de la Bretonne). *Genève, et se trouve à Paris,* 1777, 2 vol. in-8°, br. non rognés, figures.

Petite déchirure au t. II.

570. La confidence nécessaire. Lettres anglaises. (Le titre porte) Lettres de lord Austin de N*** a lord Humfrey de Dorset. *Cambridge et se trouve à Londres, chez Nourse et Snelling*, 1769, 2 parties, 1 vol. in-8°, br., non rognés.

(Par Rétif de la Bretonne).
Monselet n'indique pas cette variété de titre.

571. Apologues et Contes orientaux, (par l'abbé Blanchet). *Paris*, 1783, in-8°, portr. br.

572. Contes et poésies du C. Collier, commandant-général des Croisades du Bas-Rhin. *A Saverne*, 1792, 2 vol. in-12, carré, figg., veau.

Recueil peu commun.

573. Lettres d'une Péruvienne par Mad. de Grafigny. *Paris, Didot*, 1797, 2 vol. in-16, figg. de Lefèvre, veau écaille à dent., tr. dor.

574. Œuvres complètes de Vauvenargues, précédées d'une notice. *Paris, Brière*, 1827, 3 vol. in-8°, br.

575. Œuvres complètes de Boufflers. *Paris, Furne*, 1827, 2 vol. in-8°, figg., brochés.

576. Œuvres complètes de Beaumarchais. *Paris,* 1809, 7 vol. in-8°, avec figg., brochés.

577. Un peu de tout, ou amusemens d'un sexagénaire, par le commandeur C. F. de Nieuport. *Brux.*, 1818, in-8°, br.

578. Etienne Jouy. Ses œuvres complètes, avec des éclaircissements et des notes. *Paris, Didot,* 1823-28, 27 vol. in-8°, portr., brochés.

Exemplaire en GRAND PAPIER VÉLIN. — Léger défaut à une feuille du tome XV.
Belle édition.

579. Le Mayeur. La gloire belgique, poëme national. *Louvain*, 1830, 2 vol. in-8°, br.

580. Œuvres complètes de Béranger; ornées de 104 vignettes sur acier (par Johannot, Gigoux et autres). *Paris, Perrotin*, 1834, 4 vol. in-8°, brochés.

581. Œuvres complètes de Béranger. Édition Illustrée par Grandville et Raffet. *Paris, Fournier*, 1837, 3 vol. in-8°, avec 166 figures sur acier et sur bois; demi veau vert, tête dor., n. r.

Joli exemplaire en Papier vélin, relié par *Niédrée*.
Les figures de Grandville, sont tirées sur *papier de Chine* (non montées).

582. Cromwell, drame, par Victor Hugo. *Paris*, 1828, in-8°, broché.

Édition originale.

583. Cléopatre, reine d'Egypte, par Jules de Saint-Félix, 2 vol. — La lampe de fer, par M. Masson, 2 vol. — Le chateau Saint-Ange, par Viennet, 2 vol. *Paris*, 1834-36, 6 vol. in-8°, reliés et brochés.

Premières éditions.

584. Amélie ou mes dernières illusions, par Volny l'Hotelier. *Paris, E. Renduel*, 1837, 2 vol. in-8°, dem. rel.

585. Marie de Mancini par Mad. Sophie Gay. *Paris, Dumont*, 1839, 2 vol. in-8°, br.

586. Œuvres facétieuses de Henri Delmotte. *Mons*, 1841, gr. in-8°, portr., br.

587. Contes de Ch. Nodier, avec eaux-fortes par Tony Johannot. *Paris, Hetzel*, 1846, gr. in-8°, dem. maroq., tête dor., n. r.

Premier tirage (sur chine) des figures. Ex. un peu taché de rousseur.

588. De Balzac. La femme supérieure ; la maison Nucingen ; la Torpille. *Paris, Werdet*, 1839, 3 vol. in-12, br.

Première édition.

589. Les Contes drolatiques colligez ez abbayes de Touraine et mis en lumière par H. de Balzac, avec figures par G. Doré. *Paris*, 1855, in-8°, dem. maroq. tr. dor.

Premier tirage des figures.

590. Paris. 1848. (Poëme par M. F. Debois). *Bruxelles*, in-8°, broché.

Pièce tirée à 45 ex. seulement.

591. Napoléon le petit, par Victor Hugo. *Londres*, 1852, in-12, dem. maroq. rouge, avec coins.

592. A. J. Wiertz. Œuvres littéraires. *Brux.*, 1869, gr. in-8°, portr. et figg. noires et color., br.

593. Amand Inghels. La Flandre poétique. Odes, sonnets, etc. *Bruxelles*, 1867, in-8°, broché.

594. Ph. Kervyn de Volkaersbeke. Le Songe d'un antiquaire. *Gand*, 1853, in-12, fig., dem. rel.

595. Fabiola ou l'église des catacombes, trad. par Oct. Squarr. *Tournai*, 1855, gr. in-8°, br.

596. Œuvres complètes de J. J. Raepsaet. *Gand*, 1838-39, 6 vol. et supplém., portr., in-8°, br.

597. Le Baron de Gerlache. Œuvres complètes (dernière édition). *Bruxelles*, 1859, 6 vol. in 8°, brochés.

598. Noël et de La Place. Leçons françaises de littérature et de morale. *Paris*, 1851, 2 vol. in-8°, dem. maroq. br.

599. Bibliothèque historique, philosoph. et littéraire. *Louvain*, 1844 *et années suiv.*, 50 vol. in-8°, br.

Histoire de Léon XII. — Vie de Calvin. — Vie de Saint Thomas d'Acquin. — Esquisses de Rome. — La Patrologie de Moeuller. — Histoire de l'Eglise, etc.

Littérature flamande et étrangère.

600. Vocabularius incipiens teutonicum ante latinum. *S. l. n. d.*, *circa* 1485, in-4°, goth. à longues lignes, dem. rel.

Édition rare, de 280 feuillets à 32 lignes. — Il manque à cet exempl. le feuillet A-8 et son correspondant A-1 (qui est blanc).

601. M. J. de Bast. Recherches histor. et littéraires sur la langue celtique, gauloise et tudesque. *Gand*, 1815-16, 2 tom. en 1 vol. in-4°, dem. rel.

602. Em. Verstraete. Orthophonie et orthoépie tudesques, suivie de la loi runique. *Gand*, 1862, in-8°, br.

603. Dictionnaire, colloques, o devises familières en quatre langues, flamen, françois, espaignol et italien. *En Anvers, chez Jean Withaye*, 1558, in-12 obl., en vélin (manq. 2 ff.).

604. Reynaert den Vos ofte het oordeel der dieren. *T'Antwerpen by J. N. Vinck*, (1661), in-4°, avec figg. sur bois, br.

En prose. On sait que les éditions flamandes, en éditions anciennes, sont introuvables.

605. ¶ Spelen van Sinne byde XIX. gheconfirmeer de Cameren van Rhetorycken binnen der Stede van Ghendt verthoont, op de questie : Welck den mensche stervende meesten troost is? Int Jaer M.CCCCC.xxxix... *Ghedruct int Jaer 1564; men vintse te coope te Wesel, by my Hans de Bracker*, p. in-8°, goth., veau brun à compart.

Très bel exemplaire. Vendu 60 fr. chez M. Borluut.

606. Spelen van Sinne vol scoone moralisacien, gespeelt binnen der Stadt van Antwerpen op D'Lantjuweel, 1561. — Spelen van Sinne ghespeelt op Thaech-Spel. *Antwerpen, by Willem Silvius*, 1562, en 1 vol. in-4°, blasons et figg., veau fauve à comp.

Bel exemplaire avec la *grande carte d'invitation*, qui manque souvent.

607. Matthys de Casteleyn. De Konst van Rethoriken ; item de Baladen van Doornijcke, ende de Historie van Pyramus ende Thysbe, met alle de Liedekens by den zelven autheur op noten ghestelt. *Rotterdam, by Jan van Waesberghe.* 1616, 4 parties en 1 vol. p. in-8°, figg. sur bois et musique notée, dem. veau.

Édition rare ; exempl. bien conservé.

608. De vier Wterste,
      Van de doot,
      Van het oordeel,
      Van d'eeuwich leven,
      Van de pyne der hellen.
Schriftuerlyck gheinventeert ende Rhetorijckelijck ghecomponeert, by J. B. Houwaert. *T'Antwerpen, by Chr. Plantyn,* 1583, in-4°, vélin.

Imprimé en caractères de civilité. Peu commun.

609. (D. Coornhert) Recht ghebruyck en misbruyck van tydlycke Have. *Tot Leyden, by Chr. Plantyn,* 1585, in-4°, orné de jolies figures sur cuivre, en vélin.

Bel exemplaire.

610. Veelderhande Schriftuerlijcke Nieuwe Liedekens, Vermaningen.... ende Lofsangen, eertyts in druck wtgegaen, ende nu by malcanderen vergadert door L. K. *Gedruct t'Utrecht, by my Reynder Wylicks,* 1593, in-16, v. br. ant.

Édition rare.

611. Esopus Fabelen in rijm ghestelt door Anthoni Smyters. Waer by gevoeght zijn sommige stichtelijcke verskens van Guy du Faur... *Tot Rotterdam by Jan van Waesberghe,* (1604), in-4°, vélin.

Rare. Voyez sur ce poëte anversois, le *Verhandeling* de Willems, tome II. 68, 253.
Magnifique exemplaire.

612. Den Bloem-Hof van de Nederlantsche Jeught, beplant met uijtgelesene Elegien, Sonnetten, Epithalamien, ē gesangen etc. Poetisch ē Morael. — *T'Amstelredam, by Dirck Pieterss, in de witte Persse,* 1608, in-4° obl., frontisp. gravé et jolies figg. sur cuivre, en vélin.

Très bel exemplaire.

613. K. van Mander. Olijfbergh ofte poëma van den laetsten dagh. *Ghedruckt by Jasper Tournay,* 1609. — Epitaphien ofte grafschriften ghemaeckt op het afsterven van C. van Mander, cloeck schilder ende poët. *Ghedruckt tot Francker,* anno 1609 ; in-8°, en 1 vol., relié en vélin.

614. Gheestelycke herders-dichten, behelsende Brusselsche Bee-vaert. Bethlem. Scherpenheuvel, door J. A. Cools. *Tot Brussel, by Jan Mommaert*, 1629, in-8°, figg. sur cuivre, vélin.

615. A. Van de Vennes Tafereel van de belacchende werelt en desselfs geluckige Eeuwe. *s'Hage*, 1635, in-4°, jolies figg. sur cuivre, v. br.

Titre réemmargé.

616. t'Nieuw Groot Hoorns Lied-boekje bestaande in veel vermakelyke Bruylofts-Liedekens. *Te Hoorn, s, d.*, in-64, en vélin vert.

617. Groot Hoorns, Enkhuyser, Alkmaarder en Purmerender Liede-Boek (met het Vervolg). *t'Amsterdam, s. d.*; 2 part. en 1 vol. in-64, en velours rouge, tr. d., avec fermoir antique en argent.

618. J. H. Krul. Eerlycke tyt korting. — Minnebeelden. — Musyck spel van Juliana ende Claudiaen. — Helena. — Rosemondt en Ranicles. — Cloris en Philida, etc. — *Haerlem en Amsterd.*, 1633-34, en 1 vol. in-4°, avec nombr. figg. sur cuivre, cart.

619. De negen Zang-godinnen aan t'Y, inhoudende hollandsche zangliederen over verscheidene voorwerpen. *Amsterdam, s. d.*, in-4°, obl., 3 tom. en 1 vol., dem. rel.

Avec la musique notée pour chaque chanson. — Recueil qu'on rencontre rarement complet.

---

620. Hystoria Sigismunde, der tochter dess fursten tan // credi von Solernia, und dess iunglings gwisgardi. // — *S. l. n. d.*, in-fol. de 10 ff. goth., avec figg. sur bois, en vélin.

Roman traduit du latin d'après l'Arétin. Cette édition très ancienne et fort remarquable par ses figures sur bois, a été imprimée à *Ulm*, par *Joh. Zainer*, vers 1471. — Elle est restée inconnue aux bibliographes. Exempl. bien conservé : des piqûres à la marge ont été habilement restaurées. — Les figures sont *non-coloriées*.

621. A. W. Iffland's Dramatische Werke. *Leipzig*, 1798-1802, 16 vol. in-8°, figg., cart. non rogn.

622. C. M. Wielands sämmtliche Werke. *Leipzig*, 1794-1798, 42 vol. p. in-8°, dem. veau fauve.

Joli exemplaire.

623. Briefe von Wilh. von Humboldt an eine Freundin. *Leipzig*, 1848, 2 vol. in-8°, fac-sim., br.

624. Di Gerusalemme conquistata del Sig. Torquato Tasso libri XXIIII. *In Roma*, 1593, in-4°, en vélin.

Première édition. Voyez *Brunet*, V, 669. — Exempl. très bien conservé.

625. Arioste. Roland furieux, traduction par Philipon de la Madelaine, avec figg. et vignettes sur bois. *Paris, Mallet,* 1844, gr. in-8°, maroq. violet à comp., tr. dor.

626. Arioste. Roland furieux, trad. par Philipon de la Madeleine. *Paris*, 1844, gr. in-8°, nombr. figg. sur bois, dem. veau bleu.

627. (Bandello) Histoires tragiques extraites des œuvres de Bandel, mises en langue françoise par Fr. Boaistuau. *Rouen,* 1603-1604, 7 vol. — Trésor des Histoires tragiques de Fr. de Belleforest. *Paris*, 1591, ens. 8 vol. in-16, figg., v. brun.

Le dernier volume différent de reliure et moins grand que les autres.

628. Œuvres complètes de Machiavelli, avec notice biogr. par M. Buchon. *Paris*, 1852, 2 vol. gr. in-8°, à 2 col., br.

629. Poesie del Marchese Antonio Ghisilieri. *Bologna*, 1719, p. in-8°, avec 3 frontisp., en vélin.

630. Ancient Spanish ballads, historical and romantic, translated with notes, by J. G. Lockhart. *London, Murray,* 1842, in-4°, avec encadr. en coul., vign. sur bois; toile angl., tête dor., n. r.

Très belle publication.

631. Cervantes. L'ingénieux Hidalgo Don Quichotte, traduit par L. Viardot, vignettes de T. Johannot. *Paris, Dubochet,* 1845, gr. in-8°, figg., dem. maroq. vert avec coins, tête dorée, n. r.

632. The life and adventures of Don Quixote de la Mancha (by M. de Cervantes). *London,* 1820, 4 vol. in-8°, maroq. brun à large dent., tr. dor. (sans figures).

633. L. de Camoëns. The Lusiad, or the discovery of India, translated by W. J. Mickle. *Oxford*, 1776, in-4°, veau à fil.

634. A Booke of Christmas Carols, illuminated from ancient Manuscripts in the British Museum. *London, s. d.*, p. in 4°, cart. tr. dor.

Imitation de miniatures et de bordures, en or et en couleur.

635. Dictionnaire anglais-français et français-anglais, par Boyer, Chambaud et autres. *Paris, Ledentu*, 1829, 2 vol. in-4°, brochés.

636. Ch. Lamb. Mémorial de Shakspare. Contes traduits par A. Borghers. *Paris*, 1842, in-8°, figg. sur cuivre, en maroq., tr. dor.

637. Compleat Works in verse and prose of G. Waldron. *Printed for the Widow*, 1731, in-fol., dem. v.

Sir W. Scott s'est souvent servi de ces œuvres pour la composition de son *Peveril of the Peak* (*Lowndes*, V, 2808).

638. W. Robertson. Œuvres complètes, avec notice par J. Buchon. *Paris, Desrez*, 1836, 2 vol. gr. in-8°. à 2 colonn., br.

639. Voyages de Gulliver dans des contrées lointaines, par Swift, illustrées par Grandville. *Paris, Fournier*, 1845, in-8°, figg. sur bois, dem. rel.

640. Elegant extracts or selected pieces of poetry. *London*, 1796, 2 vol. in-8°, dem. v. bleu (*Niedrée*).

641. Chefs-d'œuvre des Théâtres étrangers, trad. en français par Aignan, Andrieux, de Barante, Cohen, etc. *Paris, Ladvocat*, 1822-23, 25 vol. in-8°, brochés.

Collection estimée.

Facéties — Ouvrages sur les femmes.

642. L'Hospital des fols incurables, où sont deduites de poinct en poinct toutes les folies et les maladies d'esprit : œuvre non moins utile que recréative, par Thom. Garzoni, traduite par Franc de Clarier. *Paris, Fr. Julliot*, 1620, in-8°, veau porph. à fil.

643. Nebulo nebulonum, a Joh. Flitnero ; secundo edita a *Joan. Coopmans leowardiense*, 1634, in-12, figg. sur cuivre, vélin.

Édition la plus rare de ce livre singulier.

644 (Dan. Heinsius) Laus asini. *Luyd. Bat., Elzevier*, 1623, in-4°, vélin.

Première édition.

645. Glossaire érotique de la langue française. depuis son origine jusqu'à nos jours, par L. de Landes. *Brux.*, 1861, p. in-8°, br.

646. (Mirabeau) Errotika biblion. *Paris*, 1801, in-12, portr.. d. v.

647. La ruelle mal assortie ou entretiens amoureux d'une dame éloquente avec un cavalier gascon... par Marguerite de Valois. *Paris, Aubry*, 1855, in-8°, br.

648. L'Ordre de chevalerie des Cocus reformez, nouvellement establis à Paris : la cérémonie qu'ils observent... et un petit abrégé de l'origine de ces Peuples. *S. l.*, 1624, in-12, veau.

Avec la *Lettre d'un gentilhomme de la Valtoline, envoyée au Grand-Maistre...* de la même année.

649. Cabinet satirique ou recueil parfaict des vers piquants de ce temps, tiré des secrets cabinets des Sieurs de Sygognes, Regnier, etc. (*Bruxelles*), *l'an* 1864, 2 vol. p. in 8°, pap. vergé, frontisp. br.

650. Le Parnasse satyrique du sieur Théophile, suivi du Nouveau Parnasse satyrique. (*Bruxelles*), *l'an* 1864, 2 vol. p. in-8°, pap. vergé, frontisp., br.

651. Poésies satyriques du xviiie siècle. *Londres*, 1782, (*Paris, Cazin*), 2 vol. in-12, veau éc., tr. dor.

Exempl. renfermant les pp. 225 et suiv., qui manquent souvent.

652. Le Parnasse satyrique du dix-neuvième siècle; recueil de vers piquants de Béranger, Hugo, Monselet, etc. *Rome* (*Bruxelles*), 2 vol. p. in-8°, double frontisp., pap. vergé, br.

653. Tableau historique des ruses et subtilitez des femmes, avec leurs tromperies, etc. par L. S. R. *Paris, Billaine*, 1623, in-8°, vélin.

654. Alphabet de l'imperfection et malice des femmes, revue et augmenté d'un friant Dessert.... par Jacq. Olivier. *Paris*, 1643, in-12, vélin.

Bel exemplaire.

655. Avis aux gens à marier; conclusion des agréemens et des chagrins du mariage. *Paris, Ve Quinet*, 1697, in-12, v. br.

HISTOIRE

656. Methode pour étudier l'histoire, avec un catalogue des principaux historiens, par l'abbé Lenglet du Fresnoy. *Paris*, 1729-40, 4 tom. et 2 vol. de supplément, ens. 6 vol. in-4°, veau fauve à fil., *aux armes*.

Bel exempl. en GRAND PAPIER.

657. Lenglet du Fresnoy. Méthode pour étudier l'histoire. *Paris*, 1772, 15 vol. p. in-8°, v. br.

658. Dom de Vaines. Dictionnaire raisonné de diplomatique. *Paris*, 1774, 2 vol. in-8°, figg., veau rac.

Exempl. bien conservé.

659. Le Moine. Diplomatique pratique ou traité de l'arrangement des Archives. *Metz*, 1765, in-4°, avec 12 pl., veau br.

Géographie et Voyages.

660. Malte-Brun. Géographie universelle, sixième édition revue par Huot. *Paris, Garnier, s. d.*, 6 vol. gr. in-8°, à 2 colonnes, br.

661. Atlas universel, ou recueil de cartes géographiques, dessinées sur les observations les plus exactes, par Robert de Vaugondy. *Paris*, 1757, 2 vol. gr. in-fol , cartes grav., veau marbr. à fil.

662. La prima parte della Geografia di Straboue, tradotta da M. Alf. Buonaccivoli. *Venetia*, 1562, in-4°, en vélin.

663. Joach. Lelewel. Géographie du moyen-âge. *Bruxelles*, 1852-57, 4 vol. in-8° et atlas de cartes, in-4° oblong.

Épuisé dans le commerce.

664. Alle de reysen van J. B. Tavernier. *T'Amsterd.*, 1682, nombr. figg. sur cuivre, cartonné.

665. Itinéraire ou voyages de l'abbé de Feller en diverses parties de l'Europe. *Liége*, 1820, 2 vol. in-8°, br.

Tache au titre du premier volume.

666. A. Corréard. Naufrage de la frégate la Méduse, en 1816. *Paris*, 1818, in-8°, fig. color., br.

667. Recueil de Voyages des Hollandais : 7 relations en 1 vol. in-4°, avec figures et cartes, veau brun.

Ce volume renferme :
Journael van de Oost-Indische Reyse van Bontekoe. 1618-1625. *Utrecht*, 1647. — Journael van de reyse naer de Custen van Chili, door Hendrick Brouwer, 1643. *Amsterd.*, 1646. — Journalen van drie voyagien door Thomas Candish, Franc. Draeck en der Nassausche Vloot onder Jacques L'Heremite. *Ibid.*. 1643. — Journael van de Nassausche Vloot (1623-26). *Ibid.*, 1643. — Journael van de wonderlycke Reyse door Willem Cornelisz. Schouten Van Hoorn (1615-1617). *Hoorn*, 1648. — Eerste Schipvaert der Hollanders naer Oost-Indien, anno 1595 *Amsterd., Hartgers*, 1648. — Waerachtigh verhael van de Schipvaert op Oost-Indien, door Jacob van Neck. en Sebald de Weert. *Ibid*, 1648.
. Quelques cahiers sont courts de marge en tête.

Chronologie et histoire générale.

668. L'Art de verifier les dates des faits historiques, des chartes et des chroniques; nouv. éd., par un Religieux de S. Maur. *Paris*, 1770, in-fol., veau porph. à fil.

669. — — Idem. *Paris*, 1770, in-fol., veau rac. à fil.

670. — — Le même ouvrage. Troisième édition. *Paris*, 1783-84, livr. 1 à 4, in-fol. cart. n. r.

Ces quatre parties renferment le texte complet du Tome premier, et les pp. 1-420 du tome deuxième.

671. Calendier eewelic durende : met den Jaermaertten daer by ghesteld. *Ghedruckt te Ghend by Joos Lambrecht* (1544), in-12, de 12 ff. goth., cartonné.

Rare. Voyez *Bibliogr. Gantoise*, I, p. 91.

672. Kalendrier gregorien perpetuel, traduit du latin en françois par Jean Gosselin. garde de la librairie du Roy. *Imprimé à Paris par Pierre le Verrier*, 1583, in-4°, cart.

Peu commun. M. Brunet donne à cet ouvrage 32 ff. non chiffrés, au lieu de 38, chiffrés en partie.
Un exempl. est porté au prix de 18 fr. dans le *Bibliophile* (français) de 1859, avec une curieuse note signée P. L.

673. Fasciculus temporum (auctore Wern. Rolevinck). *Sans lieu, ni date*, in-fol. de 73 ff. goth., avec figg. sur bois, cart.

Bel exemplaire de cette édition rare, décrite par Hain, comme la *plus ancienne sans date*. (*Repertorium*, 6914).

673*bis*. — — Le même ouvrage, (au dernier feuillet) *Impressum Argentine p. Joh. pryss. Anno* 1487, in-fol. goth., avec figg. sur bois, en parchemin.

Autre édition rare.

674. Fasciculus temporum (en hollandais). — *Hier eyndet dat boeck dat men hiet fasciculus temporum... By my vol- maect Jan Veldenar woennende Tutrecht, int jaer ons heren MCCCClxxx (1480), op sinte Valentijns dach*, in-fol. goth., cu- rieuses et nombr. figg. sur bois coloriées, veau raciné.

Première édition hollandaise et en même temps le plus ancien livre dans lequel on rencontre des *blasons grands*; c'est par erreur que le *Manuel* in- dique le *Concilium Buch*, comme le plus ancien armorial (tom II, 212) : ce dernier ouvrage n'a paru qu'en 1483, trois ans après l'édition de Veldener.

Le Fasciculus hollandais contient 246 blasons et un assez grand nombre de figures.

Exemplaire bien conservé, complet en 338 ff.

675. — — Les fleurs et manieres des têps passez et des faitz merveilleux de dieu... Et des premiers seigneurs, princes et gouverneurs... de leurs gestes iusques a present. (Au verso du feuill. 95) *Ce present livre dil le Fascicule ou Fardelet des temps... a este imprime a Paris par Jehan de la roche, pour Jehan Petit et Michel le Noir*, 1513, in-fol. goth., figg. sur bois, dem. veau.

Bel exemplaire de ce livre curieux. Le titre légèrement restauré.

676. S. Antonini archiep. florent. Chronicon. *Lugduni, anno 1512 per Nicol. Wolff*, 3 tom. en 2 vol. in-fol., goth. à 2 colonn., veau brun.

677. Lenglet Dufresnoy. Tablettes chronologiques de l'his- toire universelle. *Paris*, 1763, 2 vol. p. in-8°, v. br.

678. L. Surius. Commentarius brevis rerum in orbe gesta- rum (1500-1574). *Coloniæ*, 1574, in-8°, vélin.

679. P. L. Danes. Generalis temporum notio ad ann. 1736, suppleta ab J. N. Paquot. *Lovanii*, 1773, in-8°, v. br.

680. Dion. Petavii Rationarium temporum. *Coloniae*, 1720, 2 vol. in-8°, portr., v. marbr.

681. LA GENEALOGIE ET DESCENTE des Roys Latins et Rōmains, de-//puis le deluge iusques a la nativite Nostre seigñr et Octa-//vian cesar; Et depuis Octavian cesar des Papes, Em- pereurs, // roys de Naples et de Hierusalem : Le tout par figures et Ron-//deaulx Nouvellement en brief redigee. // — (à la fin) *Ils se vendent a Paris en la grant rue Sainct Jacques... à lenseigne de Lelephant.....* gr. in-folio, gothiq., figg. sur bois, dem. maroq. La Vallière avec coins.

Sans date, ni nom d'imprimeur, mais imprimé vers 1522, par *François Regnault*, dont la marque est a l'Eléphant.

Cette curieuse publication, *absolument non décrite* jusqu'ici, se compose de quatre parties. en tout 23 feuillets. imprimés d'un seul côté, qui sem- blent avoir été destinés à être attachés l'un à côté de l'autre, pour former un seul immense tableau, présentant l'histoire de tous les souverains du monde.

Cette Chronologie est peut-être le plus ancien essai de Tableaux généalogiques de races royales; on en connaît d'autres, faites à la fin du règne de Henry III, ensuite la fameuse *Chronologie collée*, avec figures sur cuivre. Mais l'édition de François Regnault, échappée par hasard à la destruction, l'emporte de beaucoup, en intérêt, par ses illustrations sur bois, portraits, figures et b'asons, et par sa date, sur les compilations plus récentes.

Les 4 parties dont se compose la *Chronologie* portent les titres suivants :

1° *La Généalogie des Rois Latins*, etc. (voir le titre plus haut); elle est imprimée sur 11 feuillets, à 3 colonnes.

2° *L'Epilogue des Contes, Ducz et Roys de Naples et de Sicille*, en 2 feuillets.

3° *Des Roys de la grant Bretaigne, quon dict a present Angleterre*, en 5 feuillets. Le premier feuillet marqué B, commence par le 3ᵉ roy de Troye, puis Eneas et Ascanius. Suivent les Roys d'Angleterre dont le premier est nommé *Brutus fils de Silvius leql. estoit filz de Ascanius fils de Eneas....* et finit par l'image du roi Henry VIII. *L'an mil cinq ces.xx. Ledit Henry avec la royne sa femme et les princes, passa la mer et vint entre Ardre et Calais veoir le Roy de France, et illec fut la paix renforcee.*

et 4° *La descente des Francois*, de 8 feuillets; cette chronologie comprend également la *Descente des ducs de Brabant a Charlemaigne*; *la Lignee des Contes de Flandre*, et *les Ducs de Bourgogne* pour arriver au règne de François I et à Charles V du nom, son compétiteur.

Cette dernière partie, qui est la fin de la Chronologie, semble imparfaite, de un ou deux feuillets.

L'exemplaire est de bonne conservation : les feuillets sont remontés avec soin, ayant quelques légers raccommodages.

682. Almanach de Gotha (en français), années 1789, 1790, 1795 et 1796, 4 vol. p. in-12, avec les figg., cart. tr. dor.

683. Bossuet. Discours sur l'histoire universelle. *Paris, Didot*, 1814, 2 vol. iu-8°, veau viol. à fil.
Exempl. de M. Borluut.

684. P. C. F. Daunou. Cours d'études historiques. *Paris, Didot*, 1844-49, 20 vol. in-8°, br.

685. Atlas historique, généalogique et géogr. de Le Sage, édition augm. par J. Marchal. *Brux.*, 1835, gr. in-fol. cart.

686. Atlas historique, généalogique et géogr. de A. Le Sage. *Paris*, (1829), gr. in-fol., avec tableaux color., dem. rel.

687. Trois Jeux de Cartes instructives par V. E. Jouy. — Abrégé de la Fable. — Histoire des Empereurs et Histoire de France. *Paris, Renouard*, 3 parties, in-16, en étuis.

Histoire ancienne et du Moyen-âge.

688. Abrégé de l'histoire ancienne de Rollin, par l'abbé Taillhé. *Lyon*, 1825, 5 vol. in-12, br.

689. Th. Burette. Histoire ancienne. *Paris, Chamerot*, 1843, 3 vol. gr. in-12, br.

690. S. Pelloutier. Histoire des Celtes et particulierement des Gaulois et des Germains. *Paris*, 1770, 8 vol. p. in-12, v. br.

691. David de St-Georges. Histoire des Druides de la Calédonie. — Les Antiquités celtiques de Poligny. — Les Tourbières du Jura. *Arbois*, 1845, in-8°, dem. maroq.

692. Pauli Orosii Opera. *Parhisiis, Joh. Barbier*, 1510. — Justini Historia; Lucii Flori Epitomata; etc. *Ibid., Egid. Gourmont, s. d.*, 2 part. en 1 vol. in-4°, lettres rondes, cart.
Tache d'eau aux premiers feuillets.

693. Histoire de Fl. Josephe, revue et illustree par D. Genebrard. *Paris*, 1646, 2 tom. en 1 vol, in-fol. veau brun.

694. Œuvres complètes de Flavius Joseph avec une notice biogr. par M. Buchon. *Paris, Desrez*, 1858, gr. in-8°, à 2 col., br.

695. Le P. Berruyer. Histoire du peuple de Dieu depuis son origine jusqu'à la naissance du Messie. *Paris*, 1738, 8 vol. in-4°, v. br.

696. M. Poujoulat. Histoire de Jérusalem. *Paris*, 1848, 2 vol. in-8°, br.

697. J. J. Doellinger. Paganisme et judaisme, propylées d'une histoire du christianisme. *Liége, s. d.*, tome premier, in-8°, cart.

698. Guido de Columna. Historia destructionis Trojae. [Au premier feuillet] Incipit prologus super historia de/structõis Troie : composita per iudicē / Guidonem de columna messanensum. — *Sans lieu, ni date.* in-fol. goth. à 2 colonnes, lettres initiales peintes en couleurs, dem. v. fauve.
Très bel exemplaire. Édition attribuée par Hain (*Repertorium*, 5503) à un imprimeur de Strasbourg : elle est sans chiffres, avec signat., et date des dernières années du xvᵉ siécle.

699. Choix des historiens grecs, avec notices biographiques par J. A. Buchon. (Hérodote, Ctésias, Arrien). *Paris, Desrez*, 1837, gr. in-8°, à 2 colonn. br.

700. Œuvres complètes de Thucydide et de Xénophon, avec notices biogr. par M. Buchon. *Paris, Désrez*, 1836, gr. iu-8°, à 2 col., br,

701. Barthélemy. Voyage du jeune Anarcharsis en Grèce. *Paris, Didot*, 1853, gr. in-8°, cart. n. r.

702. M. Dumont. Histoire romaine. *Paris, Chamerot*, 1843, 3 vol. gr. in-12, br.

703. La première decade de Tite Live translatée en françoys (par Pierre Bercheure). (à la fin) *Cy finist le dixiesme livre et le dernier de la premier decade... Imprime a Paris en la grant rue Saint Jacques, Mil. CCCC. quatre vingtz et six*, p. in-fol. goth. à 2 colonnes, figg. sur bois, veau.

Première édition française, très rare, imprimée par *Jehan du Pré*. Les ff. 294 et 299 manquent.

704. C. Julii Caesaris quae extant, accuratissime cum libris editis et mss. collata, accesser. annotationes Sam. Clarke. *Londini, Tonson*, 1712, en 2 vol. gr. in-fol., v. br.

Très belle édition, ornée d'un grand nombre d'estampes ; la planche du *Taureau sauvage* s'y trouve intacte.

705. — — Commentaires de César, avec des notes histor. crit. et milit. de Turpin de Crissé. *Montargis*, 1785, 3 vol. gr. in-4°, figg., veau rac.

706. César, par Daniel Ramée, avec un portrait. *Paris*, 1870, in-8°, br.

707. C. Suetonius Tranquillus, Opera, cum notis variorum, curante P. Burmanno. *Amstelaed.*, 1736, 2 tom. en 1 vol. gr. in-4°, figg., vélin cordé *(aux armes)*.

708. Sextus Aurelius Victor. Histoire du peuple romain, les Césars, etc., traduite par M. Dubois. *Paris, Panckoucke*, 1846, in-8°, (latin et franç.), broché.

709. Histoire de Polybe, traduit par Dom V. Thuillier, avec un commentaire par M. de Folard. *Amsterdam*, 1729, 6 vol. in-4°, figg. sur cuivre, v. br.

710. Ouvrages historiques de Polybe, Hérodien et Zozime, avec une notice biogr., par M. Buchon. *Paris*, 1836, gr. in-8°, à 2 col., br.

711. Nic. Bergier. Histoire des grands chemins de l'Empire romain, avec cartes et figures. *Bruxelles*, 1728, 2 tom. en 1 v. in-4°, veau brun.

712. De l'usage des Statues chez les anciens (par l'abbé de Guasco). *Bruxelles*, 1768, in-4°, en vélin blanc, n. r.

713. Du Choul. La religion des anciens Romains, avec un discours sur la castrametation et discipline militaire. *Dusseldorf*, 1731, in-4°, figg., dem. rel.

714. Histoire de la décadence et de la chute de l'Empire romain, par Ed. Gibbon, avec une introduction. *Paris*, 1836, 2 v. gr. in-8°, à 2 colonn., br.

715. D'Anville. États formés en Europe après la chute de l'empire romain en occident. *Paris*, 1771, in-4°, carte, cartonné.

716. États formés en Europe après la chute de l'Empire romain en occident, par M. d'Anville. *Paris, impr. royale*, 1771, in-4°, veau fauve à dent., tr. dor.

717. C. Gaillardin. Histoire du moyen âge. *Paris*, 1843, 3 v. gr. in-12, br.

718. Histoire des Croisades par M. Michaud, nouv. édition. *Paris, Furne*, 1854, 4 vol. in-8°, br.

719. M. Michaud. Histoire des Croisades. *Bruxelles*, 1841, 10 tom. en 5 vol. in-8°, figg., dem. rel.

720. Th. Burette. Histoire moderne. *Paris*, 1843, 2 vol. gr. in-12, br.

721. J. van Praet. Essais sur l'histoire politique des derniers siècles. *Brux.*, 1867, in-8°, br.

722. Annuaire des deux mondes. *Paris*, 1862-63, tome XII, in-8°, br.

Histoire ecclésiastique.

723. Histoire universelle de l'Église par Jean Alzog, traduite par Goschler et Audley. *Tournai*, 1851, gr. in-8°, dem. v. bleu, non rogn.

724. Autores historiae ecclesiae (Eusebius, Ruffinus, Cassiodorus et alior.). *Parisiis, Regnault*, 1541, in-fol., dem. rel.

725. Nicephori Callisti Ecclesiasticae historiae libri XVIII, opera et studio J. Langi. *Basiliae per Joan. Oporinum*, 1561, in-fol., relié.

Légère piqûre de ver à la marge des premiers feuillets et tache d'eau.

726. Annales ecclesiastici ex C. Baronii in epitomen redacta, opera H. Spondani. *Moguntiae*, 1618, in-fol., v. br.

Taché d'eau.

727. CAES. BARONIUS. Annales ecclesiastici. *Antverp.*, *Plantin*, 1589-1609, 12 vol. — Annalium… Continuatio per Henr. Spondanum. *Lutet. Par.*, 1647, 2 vol. — Pagi, Critica historico-chronologica in universos Annales Baronii. *Coloniae*, 1705, 4 vol. Ensemble 18 vol. in-fol., veau ant. et veau racine.

Le premier volume de Baronius endommagé.

728. Lenain de Tillemont. Memoires pour servir à l'histoire ecclesiastique des six premiers siècles. *Bruxelles, Fricx*, 1732, tom. I à X, en 5 vol. — Id., Histoire des Empereurs et des Princes qui ont regné durant les six premiers siècles. *Ibid.*, *idem*, 1732, 6 tom. en 4 vol. In-folio, veau brun.

729. L'abbé de Berault-Bercastel. Histoire de l'Église (jusqu'en 1721). *Paris*, 1788, 24 vol. p. in-8°, v. rac.

730. Continuation de l'histoire de l'Église de Berault-Bercastel depuis 1721 jusqu'en 1830, par l'abbé Comte de Robiano. *Paris*, 1836, 4 vol. in-8°, cart.

Exempl. portant une longue et curieuse note autographe de M. de Robiano.

731. Mémoires pour servir à l'histoire ecclésiastique pendant le xviiiᵉ siècle. *Paris*, 1815, 4 vol. in-8°, br.

732. J. J. de Smet. Coup-d'œil sur l'histoire ecclésiastique du xixᵉ siècle. *Gand*, 1836, in-8°, portr., br.

733. Martin-Doisy. Histoire de la charité pendant les quatre premiers siècles. *Liége*, 1851, in-8°, br.

734. La vérité persecutée par l'erreur, ou recueil de divers ouvrages des Saints-Pères sur les grandes persécutions des huit premiers siècles de l'Église. *La Haye*, 1733, 2 vol. p. in-8°, v. br.

735. J. van der Moere. Récit de la persécution des Seminaristes du diocèse de Gand, en 1813 et 1814. *Gand*, 1863, in-8°, br.

736. Recueil de pièces; Mandement, lettres et requestes des Evêques de France; pièces à l'occasion de nominations d'Evêques de Gand et d'Anvers (de Smet, de Herzelles), etc., du xviiiᵉ siècle, avec figg. emblém., en veau brun.

Recueil curieux.

737. Histoire du Schisme des Grecs, par L. Maimbourg. (*A la Sphère*) *Suivant la copie, imprimée à Paris*, 1682, 2 vol. in-12, maroq. bleu à fil., doublé de maroq. rouge, large dent. à l'intérieur, tr. dor. (*Mesmaecker*).

Suite aux collections des Elzevier.

738. Histoire des cinq propositions de Jansenius. *Liége, Dan. Moumal*, 1699 (à la Sphère), p. in-8°, v. br.

739. Ludov. a Paramo. De origine et progressu officii sanctae Inquisitionis libri tres. *Matriti ex typogr. regia*, 1598, p. in-fol., v. br.

740. Llorente. Histoire critique de l'Inquisition d'Espagne, traduite par Al. Pellier. *Paris*, 1817, 4 vol. in-8°, dem. rel.

Vies des Martyrs, des Saints et des Saintes.

741. Jac. de Voragine. Incipit liber de vitis sanctorum. — *Venetiis per Ant. de Strata et Marc. Catanellum, anno* 1480, in-fol. goth. à 2 colonn., anc. reliure.

Au premier feuillet une miniature en couleurs représentant l'auteur assis devant un pupitre, et les armes du premier propriétaire du volume.

742. (B. HIERONYMUS) DAT EERWERDICH LEVEN der wtérkaren vrunde gades der hilghen oltvädere... (à la fin) *Hyer hefft een ende dat böck der hilghen oltvaders mit synen exemplen. Dat to latyn geheten is vitas patrum*, in-fol., goth. à longues lignes, avec 150 belles gravures sur bois, veau fauve, fers à froid.

Édition en dialecte bas-saxon, sans date, ni lieu d'impression. Elle est *excessivement rare*. Hain *Repertorium*, en donne la description exacte au tome III, page 58. — Cet ouvrage imprimé probablement à Augsbourg, vers 1482 est un des plus beaux livres de cet époque, par le grand nombre des figures qui ornent le texte. Les figures sont très remarquables par leur dessin et l'habilité qu'ont dû déployer les tailleurs sur bois.

L'exemplaire est d'une *conservation extra-ordinaire* et toutes les figures sont restées intactes, non coloriées.

743. — — Van den leven der heyligher vaderen in dye woestinen hoer leven leydende. — *Volmaect ter GOUDE in hollant, by mi GERAERT LEEU, anno* 1480, *op sinte Bárbaren avont :* in-fol. goth. à 2 colonn., veau ant. avec agraffes.

Au premier feuillet une large bordure gravée sur bois, enluminée anciennement.

Exemplaire de *très belle conservation*. Livre fort rare dans cet état.

744. G. Gazet d'Arras. Histoire de la vie, mort et miracles des Saints, desquels l'Eglise fait feste. *Rouen*, 1621, 2 vol. p. in-8°, v. br.

745. Alban Butler. Vies des Pères, Martyrs et autres principaux Saints ; nouv. édition par M. de Ram. *Brux.*, 1846-47, 7 vol. gr. in-8°, à 2 colonn., br.

7

746. Usuardi Martyrologium, cum annotat. opera J. Molani. *Lovanii*, 1568, in-12, vélin.

747. Sacrum Martyrologium romanum, cum annotat. auctore Caes. Sorano. *Colon.*, 1610, in-4°, veau br.

748. De SS. Martyrum cruciatibus Ant. Gallonii liber, cum figuris per Ant. Tempestam. *Parisiis*, 1659, gr. in-4°, broché.
Titre gravé et 44 planches sur cuivre.

749. J. Lipsius. De Cruce, libri III. *Antverp.*, *Moretus*, 1629, in-4°, figg., v. br. à compart., tr. dor.

750. Dom. Th. Ruinart. Acta primorum martyrum sincera et selecta. *Amstelaed.*, *Wetstein*, 1713, in-fol., frontisp., v. br.

751. Historia Martyrum Gorcomiensium (1572), authore G. Estio. *Namurci*, 1655, p. in-8°. v. br.

752. Brief et veritable discours de la mort d'aucuns vaillants et glorieux martyrs, lesquelz on a faict mourir en Angleterre pour la foy catholicque l'an passé de 1600. *A Anvers, chez Hyerosme Verdussen*, 1601, in-12, cart.

753. Tractatus historico-chronologicus de Patriarchis Alexandrinus, auctore J. B. Sollerio. *Antverp.*, 1708. — Acta B. Raymundi Lulli Majoricensis. *Ibid.*, 1708. 2 part. en 1 vol. in-fol., figg. veau brun (piqûre de ver).

754. De SS. Chrysantho et Daria, auctore B. Bossue. — De SS. Crispino et Crispiano. Deux opuscules in-folio, cart.
Tirés à part des *Acta Sanctorum* des Bollandistes.

755. Dom Jerome Marlier. Abrégé de la vie de Saint Ghislain. *Mons*, 1763, in-12, dem. maroq. et coins.
Joli exemplaire.

756. Historia S. Huberti, principes Aquitani et primi Leodiensis episcopi, conscripta a Joh. Roberti. *Luxemb.*, 1621, in-4°, en vélin.

757. (Dom C. de Jong) Histoire en abrégé de la Vie de S'. Hubert, duc d'Aquitaine, premier évêque de Liége et apôtre des Ardennes. *Liége, Kints*, 1737. — Supplément à la Vie de S'. Hubert, ou réponse aux calomnies de l'auteur des Amusements de Spa.... *Paris* (*Liége, Kints*), 1737, en 1 vol. in-8°, non relié.

758. Abrégé de la vie et des miracles de S'. Hubert, patron des Ardennes. *Liége, Broncart*, 1704, avec fig. — La vie du grand S'. Hubert, fondateur de la noble cité de Liége. *Ibid.*, *Bassompierre*; 2 part. en 1 vol. in-12, cart.

759. Hystoria Sancti Lepodi (Leopoldi). *Sans lieu, ni date (circa* 1490), de 8 ff. in-4°, goth., cart.

Rare.

760. Abrégé de la vie de S^t. Materne, apôtre de Namur (par J. Du Pont). *Namur*, 1694, in-8°, v. br.

Édition originale.

761. Jord. de Saxonia. Vita S. Nicolai de Tolentino, a Nic. de Tombeur notis illustr. *Lovanii*, 1722, in-12, cart.

762. Gilles Waulde. La vie et miracles de S^t. Ursmer et de sept autres Saints, avec la chronique de Lobbes. *Mons,* 1628, in-4°, titre gravé, relié.

763. J. de Bode. Leven en mirakelen van den H. Veronus, patroon van Lembeke. *Brussel*, 1792, p. in-8°, fig. dem. rel.

764. Histoire de la vie, mort et miracles de Ste Aldegonde, première abbesse des chanoinesses de Maubeuge. *Arras, la Rivière*, 1623, in-8°, frontisp., en vélin.

765. Dis ist ein hupsche legende von der heiligen frawen sant Anna und auch von irem schlecht.... Item das leben der heiligen Eucharij, Valerij und Materni.... (à la fin) *Hier endet sich das leben, etc., Getruckt zu Strassburg als man zalt tausen funffhundert und neun jar* (1509), in-4°, veau fauve, fers à froid.

Bel exemplaire. Cette légende de Ste Anne, est ornée d'une dizaine de gravures sur bois très curieuses.

766. Abbregé de la vie de la B. Ange, première Fondatrice de la Compagnie de S. Vrsule... avec un autre abbregé de la Perfection chrestienne. *Liége, chez Jean Tournay*, 1626, pet. in-12, vélin.

La *Bibliogr. Liegeoise* donne ce livre avec l'adresse de Ouwerox.

767. J. Coret. Le triomphe des vertus evangeliques, dans les actions de S. Aye, comtesse de Haynau. *Mons*, 1674, in-4°, fig., v. br.

768. J. Geldolpho a Ryckel. Vita S. Beggae, ducissae Brabantinae. *Lovanii*, 1631. — Vitae S. Gertrudis abbatissae Nivellensis, historicae narrationes. *Ibid.* 1632, in-4°, en 1 vol. avec les figures, en vélin.

Rare.

769. Het leven van de H. Begga hertoginne van Brabant. *T'Antwerpen*, 1712, in-8°, figg., veau br.

Titre taché.

770. De Montalembert. Histoire de Sainte Elisabeth de Hongrie. *Louvain*, 1836, in-8°, dem. rel.

771. La vie admirable et pleine des plus excellents traicts de l'amour divin, de la Seraphique Catherine d'Adorny, nouvellement traduict. *Douai, de l'imprimerie de Jean Bogart, l'an* 1599, in-12, en vélin.

772. La vie de Madame Saincte Marguerite, vierge et martyre, avec son antienne et oraison. — *S. l. n. d.*, in-8°, de 12 ff., goth., en vélin.

> Pièce très rare. Voyez Brunet, tom. V, 1202.
> Bel exempl., réglé et grand de marges.

773. Histoire de la vie, miracles et translation de S. Marie d'Oignies, d'après le cardinal de Vitriaco (par Fr. Buisseret). *Louvain, Rivius,* 1609, in-12. v. br.

> Volume rare.

774. Vie de la bienheureuse Marie d'Oignies, écrite en latin par le Card. de Vitry. *Nivelles,* 1822, in-12, cart.

775. Histoire de Sainte Monique par l'abbé Bougaud. *Paris,* 1866, in-8°, fig. br.

776. J. Simon. Vie de Sainte Waudru, patronne de Mons. *Mons,* 1846, in-8°, fig., broché.

———

777. De historia SS. imaginum et picturarum, auct. Joanne Molano; oratio de agnis dei et alia quaedam, J. N. Paquot illustravit. *Lovanii,* 1771, in-4°, cart.

778. Belgium Marianum. Histoire du culte de Marie en Belgique. *Tournay,* 1859, gr. in-8°, br.

779. E. Terwecoren. Notre-Dame de Consolation à Vilvorde. *Brux.,* 1852, in-8°, figg., rel.

780. J. N. Matters. Onze L. Vrouwe van Duffel ofte van goeden wil.... *Antwerpen,* 1717, p. in-8°, fig. veau br.

781. L'Histoire miraculeuse de Notre-Dame de la Basse-Wavre. *Brusselles, s. d.,* p. in-8°, dem. rel.

782. J. Lipsii Diva Sichemiensis sive Aspricollis. *Antwerp.,* 1605. — Id. Histoire de N. D. de Hale. *S. d.,* in-12. — Hist. de N. D. de Hal. *Brux.,* 1849, 3 vol. in-12, rel.

783. Ph. Bouchy. Diva Tungrensis Hanno-Belgica, miracula, etc. *Leodii, Bronchart,* 1651, in-12, relié.

> Rare.

784. Joan. de Boeck. Beschryving van het mirakeleus beeldt van O. L. Vrouwe van Maestricht. *Brussel, t'Serstevens*, in-8°, fig., cart.

785. Opkomste der devotie binnen Kevelaer, of verhael der Mirakelen gheschiet.... *Men vintse te coop tot Kevelaer, s. d.*, in-12, vélin

786. F. A. Mouzon. Histoire chronique de St-Hubert. *Liége*, 1857, — Pélérinage de Saint-Hubert, par l'abbé Bertrand. *Namur*, 1855, 2 vol. in-12, br.

787. Histoire de N. D. de la Treille, patronne de Lille, d'après Turbelin et Vincart. *Lille,* 1843, p. in-8°, fig., fort papier, broché.

788. Histoire de l'institution de la Fête-Dieu, avec la vie des Bienh. Julienne et Ève, par le P. Bertholet. *Liége*, 1846, gr. in-8°, figg., dem. veau vert.

Histoires des Papes et des Ordres religieux.

789. V. Baldini. Cronologia ecclesiastica laquale contiene le vite de' pontefici. *Bologna*, 1690, p. in-8°, figg. sur bois, vélin.

790. Ant. Sandini. Vitae pontificum romanorum. *Ferrariae*, 1748, p. in-8°, v. br.

791. Disputationes histor. ad vitas pontificum romanorum ab Ant. Sandino. *Ferrariae*, 1755, p. in-8°, v. br.

792. Cte de Beaufort. Histoire des Papes depuis Saint-Pierre jusqu'à nos jours. *Tournay*, 1841, 4 vol. in-8°, br.

793. Le Card. Wiseman. Souvenirs sur les quatre derniers papes et leur pontificat. *Brux.*, 1858, in-8°, portr., br.

794. Artaud de Montor. Histoire du pape Léon XII. *Bruxelles*, 1843, 2 vol. in-8°, br.

795. La vie du pape Clément XIV (Ganganelli). *Paris*, 1776, p. in-8°, portr. veau fauve.

Au titre une signature ancienne : « à Mlle D'Aremberg. »

796. La vie du tres-sainct pere le pape Pie V de l'ordre des freres prescheurs, escrite en italien par le P. Arch. Caraccia de Rivalta. *à Valencienne, de l'imprimerie de Jan Vervliet*, 1627, in-8°, vélin.

Impression très rare.

797. (LE P. HELYOT) Histoire des ordres monastiques religieux et militaires et des congregations seculieres, qui ont esté etablies jusqu'à présent. *Paris*, 1714-19, 8 vol. in-4°, nombr. figg. sur cuivre, veau brun.

Ouvrage estimé.

798. Henrion. Histoire des ordres religieux. *Brux.*, 1838, gr. in-8°, figg. noires, br.

799. Aub. Miraeus. Originum monasticarum libri IV. *Colon.*, 1620, p. in-8°, vélin.

800. Cte de Montalembert. Les Moines d'occident, depuis St Benoit jusqu'à St Bernard. *Paris*, 1860-67, 5 vol. in-8°, brochés.

801. Aub. Miraeus. Origines coenobiorum Benedictorum in Belgio. *Antverp.*, 1606, in-8°, vélin.

802. Aub. Miraeus. Ordinis Praemonstratensis chronicon. *Colon.*, 1613, p. in-8°, v. br.

Tache au titre.

803. Hyac. Choquet. Sancti Belgii ordinis Praedicatorum. *Duaci, Beller*, 1618, in-8°, frontisp., veau br.

804. Regula et Testamentum Seraphici P. Francisci. *Antrerpiae, Plantin.*, 1624, p. in-32, maroq. vert à compart., tr. dor.

805. Jean d'Assignies. Cabinet des hommes illustres de l'ordre de Cysteau. *Douai*, 1598, in-8°, cart.

Le titre manque.

806. Histoire des Trappistes du Val-Sainte-Marie, de Besançon. *Namur*, 1841, in-8°, fig., br.

807. Crétineau-Joly. Histoire de la Compagnie de Jésus. *Tournai*, 1846, 3 vol. gr. in-8°, à 2 colonn., br.

808. P. Damiens. Tableau racourci de ce qui s'est fait par la Compagnie de Jesus durant son premier siècle. *Tournay*, *Quinqué*, 1642, in-4°, vélin.

809. Schwarm des Römischen Bienenkorbs. Eine stattliche Rede eines Polnischen Catholischen Ritters wieder die Jesuiten,.... versetzet durch Nic. Pistandrum Neofaniensem. *Anno* 1592. (*S. l.*) in-4°, cart.

810. P. de Ravignan. De l'existence des Jésuites. — Des Jésuites. *Paris*, 1844, 2 vol. in-12, veau à fil.

HISTOIRE DE BELGIQUE

Topographie. — Commerce et Industrie. —
Histoire politique. — Mélanges.

811. L. Guicciardin. Description de touts les Pais-Bas, autrement appellés la Basse Allemagne. *Anvers, Chr. Plantin*, 1582, in-folio, nombr. figg., veau brun.

Exemplaire bien conservé, mais ayant une tache d'eau à la marge inférieure.

812. Les Délices des Pays-Bas ou description des XVII provinces belgiques. *Anvers, Spanoghe*, 1786, 7 vol. p. in-8°, nombr. figg., br. non rognés.

L'édition la plus complète.

813. Den Nederlandtschen Landtspiegel in ryme gestelt door Z. H. (Zach. Heyns). *Amstelred.*, 1599, in-4° obl., avec cartes gravées sur bois.

Un feuillet manque (C 2).

814. J. J. Raepsaet. Histoire de l'origine et des pouvoirs des Etats généraux des Gaules et des Pays-Bas. *Gand*, 1819, in-8°, br.

815. Ernst. Histoire abrégée du tiers-état de Brabant. *Maestricht*, 1788, in-8°, dem. v.

816. Institution du grand Conseil, ou Souveraine court de Parlement à Malines. *Malines, Jaye*, 1669, in-4°, br.

817. Placcaet by denwelcken eenen yeghelicken verboden werdt in dese Nederlanden eenich Zaut te bringhen... twelcke zonder Zaut ghemaect ofte ghesoden is.... *Te Ghendt, by Jan van den Steene*, 1575, in-4°, de 4 ff. br.

818. La Jurisprudence des Pais-Bas autrichiens établie par les arrêts du grand conseil de Malines, recueillie par Du Laury. *Brusselle*, 1717, in-fol., v. br.

819. La Constitution belge, expliquée par Arm. Neut. *Gand*, 1842. — La Constitution belge annotée par M. Thonissen. *Hasselt*, 1844, 2 vol. in-8°, br.

820. A. Neut. La Constitution belge expliquée. *Gand*, 1842, gr. in-8°, br.

821. Aub. Miraeus. Donationum belgicarum, libri II. *Antverp.*, 1629, in-4°, vélin.

Signature au titre.

822. Aub. Miraeus. Opera diplomatica et historica, editio secunda. *Lovanii*, 1723, 4 vol. in-fol., veau brun.

Bien conservé; le portrait manque.

823. Baron de Reiffenberg. Mémoire sur l'état de la population, des fabriques, des manufactures et du commerce dans les provinces des Pays-Bas aux xv° et xvi° siècles. *Bruxelles*, 1822, in-4°, cart.

824. J. J. Altmeyer. Histoire des relations commerciales et diplomatiques des Pays-Bas avec le Nord de l'Europe, pendant le xvi° siècle. *Bruxelles*, 1840, in-8°, dem. veau.

825. — — Le même ouvrage, broché.

826. Recueil des Mémoires sur le commerce des Pays-Bas autrichiens. 1787, in-8°, dem. rel.

827. Aug. Meulemans. La Belgique et ses ressources agricoles, industr., et commerc. *Brux.*, 1865, in-8°, br.

828. P. de Decker. Etudes sur les Monts-de-Piété en Belgique. *Brux.*, 1844, in-8°, br.

829. Recueil des pièces relatives au nouveau système de finances du royaume des Pays-Bas. *La Haye*, 1822, 2 vol. in-8°, br.

830. Fastes militaires des Belges. *Brux.*, 1835, 4 v. gr. in-8°, figg. de Lauters et Madou, brochés.

831. L. Torfs. Fastes des calamités publiques dans les Pays-Bas. *Tournai*, 1859, 2 vol. in-8°, br.

832. Nouvelles Archives historiques, philosophiques et littéraires. *Gand*, 1837-40, 2 vol. in-8°, brochés.

833. Bibliothèque Nationale. *Bruxelles, Jamar, s. d.*, 41 vol. in-12, figg., brochés.

Histoire de la littérature française, par Moke, 4 vol. — Littérature flam. 1 vol. — Hist. d'Albert et Isabelle. — Juste, précis de l'hist. moderne, 2 v. — Id., moyen-âge, 6 vol. — Les Rois francs, 2 vol. — Mœurs et fêtes, 2 v. — Les voyageurs belges, 2 vol. — Hist. de l'architecture, 4 vol.— Les Musiciens belges, 2 vol. — Histoire des Belges, 2 vol. — Les Communes belges, 1 vol. — Charlemagne, par Juste, 1 vol. — Hist. du Marquisat d'Anvers, 1 vol. — Hist. du Comté de Namur, 1 vol. — Hist. du duché de Luxembourg, 2 vol. — Hist. du comté de Flandre, 2 vol. — Hist. du comté de Hainaut, 3 vol. — Histoire du Limbourg, 1 vol. — Hagiographie belge, tom. 1.

Histoire ecclésiastique.

834. L'histoire ecclésiastique du Pays-Bas, contenant l'ordre et suite de tous les Evesques, ensemble un catalogue des Saincts, etc., par Guill. Gazet. *Arras, de la Rivière*, 1614, in-4°, veau marbr.

835. — — Le même ouvrage. *Arras*, 1614, in-4°, relié.

836. Aub. Miraeus. Fasti belgici et burgundici. *Brux., Peperman, s. d.*, in-8°, vélin.

837. Arn. Raisii Belgica christiana, sive synopsis successionum et gestorum episcoporum. *Duaci*, 1634, in-4°, veau jaspé.
Bel exemplaire de la bibliothèque Servais.

838. JOS. GHESQUIÈRE. Acta Sanctorum belgii. *Bruxellis et Tongerloae*, 1783-94, 6 vol. in-4°, avec figg., dem. rel. veau.
Ouvrage rare et estimé.

839. Joan. Molanus. Natales sanctorum belgii et eorumdem chronica. *Lovanii*, 1595, in-8°, cart.
Écritures au titre.

840. Indiculus sanctorum belgii, auct. Joan. Molano. *Lovanii*, 1573, in-8°, cart.

841. Le P. Smet. Saints et grands hommes du catholicisme en Belgique. *Louvain*, 1852, 3 vol. in-8°, dem. rel.

842. Hierogazophylacium Belgicum, sive Thesaurus sacrar. reliquiarum Belgii, auth. Arn. Rayssio. *Duaci*, 1628, in-8°, vélin.

843. F. Nic. de Tombeur. Provincia belgica Ord. FF. Eremitarum S. Augustini; ejusdum origo, progressus, etc. *Lovanii* (1727), in-folio, v. br.

844. Synodicon Belgicum, sive acta omnium ecclesiarum Belgii (Episcop. Mechlin. 2 vol. — Episc. Gandavensis, 1 vol.). *Mechl.*, 1828-39, 3 vol. in-4°, brochés.

845. Analectes pour servir à l'histoire ecclésiastique de la Belgique publiés par MM. Reussens, de Kuyl et autres. *Louvain*, 1864-71, tom. I à VIII, in-8°, 8 vol. br.

Histoire générale, depuis la domination romaine,
jusqu'à nos jours.

846. Bar. de Reiffenberg. Notices et extraits des manuscrits de la Bibliothèque de Bourgogne, relatifs aux Pays-Bas. Tome premier (seul paru). *Brux.*, 1829, in-4°, dem. rel.

847. Gachard. Collection de documens inédits concernant l'histoire de la Belgique. *Bruxelles*, 1833, 3 vol. in-8°, dem. veau.

348. Aub. Miraeus. Rerum belgicarum annales. *Bruxellis*, *Peperman* (1624), in-8°, vélin.

849. F. Locrii Chronicon belgicum ab anno 258 ad ann. 1600. *Atrebati, Rivière*, 1616, in-4°, veau brun.

850. Aub. Miraei Rerum belgicarum chronicon, ad ann. 1636. *Antverp.*, 1636, in-folio, vélin.

851. Aub. Miraeus. Rerum belgicarum chronicon, ad ann. 1636. *Antverpiae,* 1636, in-fol., veau brun.

852. Rerum belgicarum politica consideratio. *S. l.*, 1641, in-4°, vélin.

853. Ponti Heuteri Opera historica omnia : Burgundica, Austriaca, Belgica. *Lovanii*, 1651, in-fol., veau br.

854. J. Thys. Verhandeling over den staet der Nederlanden, van de Komste der Romeynen tot onze tyden. *Mechelen*, 1809, 2 vol. in-8°, frontisp., br.

855. A. Dumées. Annales belgiques ou des Pays-Bas (1477-1668). *Douay*, 1761, in-12, v. br.

856. J. des Roches. Epitomes historiae belgicae. *Brux.*, 1782, p. in-8°, cart. n. r.

857. J. P. Du Mont. Histoire de Belgique. *Anvers*, 1836, 2 vol. in-8°, br.

858. J. P. Dumont. Histoire de Belgique. *Anvers*, 1836, 2 vol. in-8°, dem. rel.

859. H. G. Moke. Histoire de la Belgique. *Gand*, 1840, in-8°, br.

860. Dewez. Histoire générale de la Belgique depuis la la conquête de César. *Bruxelles*, 1805, 7 vol. in-8' dem. rel.

861. M. Dewez. Histoire générale de la Belgique. *Bruxelles*, 1805, 7 vol. in-8°, br,

862. Dewez. Histoire particulière des provinces belgiques sous le gouvernement des Ducs et des Comtes. *Brux.*, 1816, 3 vol. in-8°, br.

863. Des Roches. Histoire générale des Pays-Bas autrichiens. *Anvers,* 1787, gr. in-4°, frontisp., cart.

864. C. Hoynck van Papendrecht. Analecta belgica. *Hag. Com.*, 1743, 6 part. en 3 vol. in-4°, dem. veau jaspé.

865. Ch. Wastelain. Description de la Gaule Belgique, selon les trois âges de l'histoire. *Bruxelles,* 1788, 2 vol. in-8°, cartes, br.

866. G. F. Verhoeven. Inleyding tot de aloude en midden-tydsche Belgische historie. *Brussel, Ermens*, in-4°, cart.
Titre taché.

867. A. van Schrieck. Van t'begin der eerster Volcken van Europen, insonderheyt der Nederlanderen. *T'Ypre, by Fr. Bellet*, 1614, in-fol., frontisp. et portr., v. br.

868. L'abbé Le Paige. Nouveau système du premier établissement des Francs en Belgique. *Gand*, 1770, in-4°, dem. v.

869. J. Huyttens. Études sur les mœurs, les superstitions et le langage de nos ancêtres (les Ménapiens). *Gand*, 1861, in-8°, carte, br.

870. A. G. B. Schayes. La Belgique et les Pays-Bas avant et pendant la domination romaine. *Bruxelles*, 1848-59, 3 vol. in-8°, brochés.

871. A. G. B. Schayes. La Belgique et les Pays-Bas avant et pendant la domination romaine. *Bruxelles*, 1858-59, 3 vol. in-8°, br.

872. H. G. Moke. La Belgique ancienne, et ses origines gauloises, germaniques et franques. *Gand*, 1855, in-8°, br.

873. Aeg. Buchorii Belgium romanum ecclesiasticum et civile. *Leodii, Hovius*, 1656, in-fol., veau brun (dos restauré).

874. J. des Roches. Mémoire sur les limites des Pays-Bas au ix° siècle. — L'état civil et ecclésiast. des Pays-Bas aux v° et vi° siècles. *Bruxelles*, 1771-72, 2 vol. in-4°, reliés.

875. Baron de Hody. Godefroid de Bouillon et les rois latins de Jérusalem. *Tournay*, 1859, in-8°, br.

Histoire de la Belgique depuis la domination des Ducs de Bourgogne.

876. M. de Barante. Histoire des ducs de Bourgogne, de la maison de Valois, avec des notes par M. Gachard. *Bruxelles,* 1838, 2 vol. gr. in-8°, en livraisons.

877. Mémoires de Jacques du Clercq sur le règne de Philippe le Bon, publiés par M. de Reiffenberg. *Brux.*, 1835, 4 vol. in-8°, br.

878. Memoires de Philippe de Commines (1464-1498), augmentez par Denys Godefroy. *Brusselle, Foppens,* 1706-13, 4 vol. in-8°, v. br.
Le 4me volume ou supplément, relié en vélin.

879. Les Memoires de Messire Olivier de la Marche, avec les annotations et corrections de L. L. d. G. (Laute de Gand). *Gand, Salenson,* 1566, in-4°, v. rac.
Les premiers feuillets restaurés ; court de marges.

880. Flor. van der Haer. De initiis tumultuum belgicorum. *Duaci, Bogard,* 1587, in-8°, vélin.
Bel exemplaire.

881. F. Strada. De Bello belgico. *Lugd. Bat., Jacob. Marci,* 1643, 2 vol. in-12, portr., v. br.

882. Supplément à l'histoire des guerres civiles de Flandre sous Philippe II, du P. Fam. Strada. *Amsterd.*, 1729, 2 tom. en 1 vol. in-8°, portr., vélin.

883. Fam. Strada. Histoire de la guerre des Pays-Bas, traduitte par P. Du-Rier. *Tournai, Quinqué,* 1645, 2 vol. in-4°, figg., v. br.

884. Gabr. Chappuys. Histoire generale de la guerre en Flandre, depuis l'an 1559. *Paris,* 1623, in-4°, v. br.
Reliure détachée.

885. Histoire generale de la guerre de Flandre (1559-1632), par Gabr. Chappuys. *Paris,* 1633, in-fol. cartes, v. br.
Piqûres à la marge intérieure de quelques feuillets.

886. Bentivoglio. Histoire des guerres de Flandre, traduite par M. Loiseau. *Brux.*, 1770, 4 vol. p. in-8°, br.

887. Documents histor. inédits concernant les troubles des Pays-Bas, 1577-1584, publiés par MM. Kervyn et Diegerick. *Gand,* 1849, 2 vol. in-8°, fac-simile, br.

888. Van der Vynckt. Histoire des troubles des Pays-Bas sous Philippe II, publiée par J. Tarte. *Brux*, 1822, 4 vol. in-8°, br.

889. Les Guerres de Nassau auquel sont descripts et representez en taille douce les exploits militaires plus memorables, advenus aux Pais Bas depuis le trespas de feu Monseigneur le Prince d'Oranges jusques à la fin de 1614, par Guillaume Baudart de Deynse. *Amsterdam, chez Michel Colin*, 1616, 2 vol. in-4°, obl., reliés (premier titre réimprimé).

Cet ouvrage intéressant est accompagné de 285 planches sur cuivre, dont 221 sont des copies réduites de Hogenberg : les 64 figures qui complètent l'histoire ont été gravées expressément pour ce livre.

890. Théod. Juste. Histoire de la Révolution des Pays-Bas, sous Philippe II. *Bruxelles*, 1855, 2 vol. in-8°, br.

891. De Cavrines. Esquisses historiques des troubles des Pays-Bas au xvi° siècle. *Brux.*, 1865, 2 vol. in-8°, br.

892. N. Considérant. Histoire de la Révolution du xvi° siècle dans les Pays-Bas. *Bruxelles, s. d.*, in-8°, br.

893. J. Marcus. Sententien en indagingen van den hertog van Alba (1567-1572). *Amsterd.*, 1735, in-8°, frontisp., br.

894. La deduction de l'innocence de Messire Philippe, baron Montmorency, comte de Hornes, contre la malicieuse apprehension, et fausse accusation, sentence et execution. *Imprimé au mois d'Avril, anno* 1579, in-8°, en vélin.

Bel exempl. très grand de marges.

895. Interrogatoires du Comte d'Egmont, publiées par le Bar. de Reiffenberg. *Brux.*, 1843, gr. in-8°, fig.. dem. rel.

896. Histoire du Cardinal de Granvelle. *Paris*, 1761, p. in-8°, portr., v. br.

897. (Hogenberg). Estampes historiques sur les événements qui ont eu lieu en Belgique, en 1577 et 1578. Quinze planches du temps gravées à l'eau-forte, en 1 vol. p. in-fol.

Entrée de Don Juan à Bruxelles. — Don Juan au château de Namur. — Les Wallons quittent la citadelle d'Anvers. — Fuite des Allemands. — Reddition du château d'Anvers. — Entrée en Anvers du Prince d'Orange. — Entrée à Bruxelles du même Prince. — Entrée de l'archiduc Matthias dans la ville d'Anvers. — Entrée du même Prince à Bruxelles. — Serment du Prince, etc.

898. Responce des Estats generaulx du Pays-Bas, à la proposition du Seigneur de Schwartzenberg. *Anvers, Plantin*, 1578, in-4°, d. v.

899. Le Vray Patriot aux bons patriots. *S. l. n. d.* (vers 1578), in-4°, de 12 ff., en vélin.

Pièce curieuse. Voyez *Bibliotheck van Pampfletten.*

900. Lettres d'advertissement à la noblesse et aultres deputez des Etats-generaulx, escrites par un serviteur de Don Jehan d'Autrice, avecq leurs responses. *Francfort (Anvers?), l'an* 1578, in-4°, vélin.

Bel exemplaire des Cabinets Verdussen et Comtesse d'Yve. — Non cité dans le catalogue Meulman.

901. Advertissement de la victoire obtenue par l'armée de Sa Maiesté, à la conduite de Messire George de Lalaing... contre les ennemis de Dieu... au mois de septembre 1580. *A Mons en Hainault, chez Rutger Velpius,* p. in-8°, cart.

Pièce rare.

902. Sommaire discours sur le moyen de conserver, et maintenir la vraie religion chrestienne et garder et asseurer les provinces unies, contre... l'Ennemy de la patrie. *S. l.,* 1581, in-4°, en vélin.

Non décrit dans le catalogue de M. Meulman.

903. Premiere Apologie pour Monseigneur (le Duc d'Anjou) et les Estats des Pays-Bas respondant aux ordinaires calumnies... du prince de Parme. *S. l. (Anvers),* 1582, in-4°, vélin.

904. Apologie ou defense du prince Guillaume d'Orange, contre le Ban et Edict publié par le Roi d'Espaigne, par lequel il proscript ledict Seigneur Prince.... *(Leyde) De l'imprimerie de Charle Sylvius,* 1581, in-4°, en vélin.

Très bel exemplaire.

905. Joh. Meursii Gulielmus Auriacus, sive de rebus toto belgio... *Lugd. Bat., Elzevier,* 1622, in-4°, vélin.

906. Bref recueil de l'assasinat commis en la personne du prince d'Orange, par Jean Jauregui Espaignol. *Anvers, Chr. Plantin,* 1582, in4°, vélin.

Bel exempl. avec les pièces justificatives.

907. Planche allégorique sur la Trève d'Anvers, de 1609. — Le Char de la Paix et de la Justice, accompagné du Prince Maurice et de Spinola, se dirigeant vers le temple de la Concorde, où se trouvent Albert et Isabelle. — *Helias Van den Bossche fecit. — a Anvers, chez Abraham Verhoeven. Imprimeur sur la Lombarde Veste* (avec approbation).

Sur une feuille, grand in-folio. Au-dessous de l'estampe, est imprimé en caractères gotbiques et en caractères ronds, un poëme en flamand et en français intitulé « *Au Tres excellent S^r le Marquis Spinola*, etc. » Sans nom d'auteur.

Le Catalogue de *Nederl. Historie prenten* de M. Muller décrit cette estampe sous le n° 1268 : toutefois l'exempl. décrit était incomplet du poëme.

L'estampe entière mesure 50 centim. de haut, sur 35 de large.

908. Een claer Vertooch der heymelycke raetslaghen der ghemeyne vyanden om dese Nederlanden wederomme der Spaensche tyrannie te onderworpen. Aen de goede patriotten der Stede van Ghent... *S. l.*, 1583, in-4°, goth. br.

Pièce attribuée à Marnix de Sainte Aldegonde.

909. Pourtrait de Messieurs les Ambassadeurs qui ont esté a present a publié la Trefvue pour XII ans en Anvers le 14. d'avril 1609. *Imprimée de nouveau en Anvers Par Abraham Verhoeven, sur la Lombaerde reste au Soleil d'Or;* (*s. d.*) in-folio.

Pièce curieuse, probab'ement unique. On y voit les portraits gravés sur bois des huit principaux personnages chargés de la négociation de la paix avec l'Espague, avec leurs titres en français et en flamand.

Au-dessous de ces portraits qui occupent la moitié de la feuille, est imprimé : *Een nieu Liedeken vant Bestandt, op de wyse : Adieu Blomhen Rosiere*, sur cinq colonnes; et plus bas une *Chanson nouvelle de la Paix. Sur un chant nouveau.*

910. Trève d'Anvers de 1609. — Recueil de 40 pamflets, brochures et placcards concernant la Trève d'Anvers, toutes pièces du temps, in-4°, en vélin.

Recueil très curieux, dans lequel on remarque *T'oud Schippertje van Monnickendam*, avec la planche de Mattham (premier état avant le fond). — Bedenckingen over den Zeevaerdt. — Stucken uit den Byecorff. — Philopatris, door W. Teellinck. — Le plaidoyer de l'Indien hollandois, etc.

911. Recueil de Chansons satiriques et politiques, en français et en flamand, sur la Trève d'Anvers de 1609. Collection de 20 pièces rares et curieuses, reliées en 1 vol. in-4°, en vélin.

Savoir :

1. Dialogue auquel se represente, ce qu'on droit croire de la presentation de la pais, par Anth. Lancel. 1608, 32 pp. — 2. Verhael van de occasie waerdoor de Nederl. gecomen syn aen den Vreede handel, 4 ff. — 3. Echo ofte galm van dén teghenwoordighe vredehandelinghe. 1608, 4 ff. — 4. Boerenlitanie ofte klachte der Kempensche Landtlieden: *Ghedruckt by Dirck Corn. Troost,* 1608, 4 pp., figure sur bois. — 5. Bulle ofte Mandaet des Paus van Roomen aen de gheestelicheyt... 4 ff. *Ghedruct buyten Romen voor den tydt voorleden en noch te comen.* — 6. Dialogus ofte Twe-spraec in rym, tusschen twee personagien... 6 ff. — 7. Epitaphium ende klaeghdicht over den doot van de Nederl. oorloghe. *Ghedruct anno* 1609, 4 ff. — 8. Claghte van den Cloecken soldaet en van den poltron, alsook een disput. 1609, 6 ff. — 9. Het Testament ofte uterste wille van de Nederl. oorloghe, door Yemand van Waermond. 8 ff. — 10. Codicille van de Nederl. oorloghe (par le même), 6 ff. — 11. Een factie oft spel van de Violieren binnen Antwerpen ghespeelt, door P. de Herpener. *Antw., G. van Diest,* de 8 ff. (*Rare*). — 12. Vreeds-triumph-ghedicht, gecomponeert by de Camer tot Gorinchem, op den generalen Vreeds-Triumph. *Gorinchem,* 1609, 16 ff. — 13. Wat nieus

boven nieus... tot den Prins Mauritius van Nassou... 1609, 4 ff.—14. Triumphante ende Blyde Incomste binnen Antwerpen van de Ambassadeurs, 1609, 4 pp. (*très-rare*). — 15. Christelicke gedichten ghemaeckt tot lof van den Vrede... 1609, 4 ff. — 16. T' Vertoig der Zeeuscher Nymphen aen de Nassausche Helden... 10 ff. — 17. Een Liedeken ghemaect tusschen Bestant en Oorloch... 1 feuillet, à 2 colonn. Pièce volante. des plus rares. — 18. Een nieu Liedeken gemaect van een Boer en een Soldaet, 1 feuillet à 2 colonnes. Pièce inconnue. — 19. Verklaringhe van een Monnincks Cap, hare cracht... ende virtuyten. *Middelb.*, 1609, 4 ff. — 20. Argument van een Tragisch-Comedie prophetique (en prose). *Ghedrucht anno 1608.*

912. Th. Juste. Conspiration de la Noblesse belge, contre l'Espagne en 1632. *Brux.*, 1851, in-8°, br.

913 Ph. de Bruyne. Histoire de la Belgique sous le règne de Marie-Thérèse. *Namur*, 1861, in-8°, br.

914. Fromageot. Annales du regne de Marie-Thérèse. *Brux.*, 1781, p. in-8°, maroq. rouge à dent., tr. dor.

915. M. de Nény. Mémoires histor. et politiq. des Pays-Bas autrichiens. *Bruxelles*, 1785, 2 tom. en 1 vol. in-8°, portr., veau marbr.

916. Recueil des représentations, protestations et réclamations faites à S. M. I. *De l'imprimerie des Nations*, 1787, 16 tom. en 9 vol. in-8°, veau br.

Les tomes 15-16, brochés.

917. Versamelinge der brieven van den Heere Keuremenne, over het soogemaemt Seminarie - Generael. *Tot Trier by Pluckhaen van Lier*, 2 tom. et suppléments, en 1 vol. in-8°, avec figg., dem. veau.

918. Le Martyrologe belgique, l'an de fer 1790. *S. l.*, 1791, in-8°, dem. v.

919. Procès contre L. de Potter, Tielemans, Bartels, et autres. *Bruxelles*, 1830, 2 vol. in-8°, br.

920. Procès devant la Cour d'assises contre De Potter, Tielemans et autres. *Brux.*, 1830, 2 vol. in-12, br.

921. Histoire parlementaire du traité de paix du 19 avril 1839 entre la Belgique et la Hollande. *Brux.*, 1839, 2 vol. gr. in-8°, br.

922. J. J. Thonissen. La Belgique sous le règne de Léopold Ier. *Liége*, 1855-58, 4 vol. in-8°, br.

923. La Belgique en 1841. *Bruxelles (London)*, in-8°, avec figg. de vues sur acier, soie bleue à comp., tr. dor.

Histoire du Brabant.

924. Description histor., chronol. et géogr. du duché de Brabant. *Bruxelles*, 1756, p. in-8°, v. br.

925. J. B. Gramaye. Antiquitates ducatus Brabantiae. *Lovanii*, 1708, in-fol., figg. sur cuivre, veau brun.

926. A. SANDERUS. Chorographia sacra Brabantiae. *Hagae-Com.*, 1726, 3 vol. in-fol., nombr. figg., reliés.
Bel exemplaire. Quelques figures manquent.
Exempl. en grand papier.

927. — — Chorographia sacra Brabantiae. *Hag. Com.*, 1726, 3 vol. in-fol., nombr. figg. sur cuivre, veau brun.

928. Die alder excellenste Cronyke van Brabant. (A la fin) *Hier is volcyndt dese Cronike en geprent bi my Rolant vanden Dorp wonende Thantwerpen in die huyvetters strate, anno M.cccc.xcvij* (1497), in-folio, goth. à 2 colonn., figg. sur bois, en vélin.
Première édition, très rare de cette chronique intéressante. Au titre on lit une notice manuscrite curieuse · quelques notes marginales, du reste bon exemplaire.
Le tableau généalogique manque.

929. De Nieuwe Chronycke van Brabant... mitsgaders Vlaenderen, Hollant en Zeelant (1516-1565). *Gheprint Thantwerpen, by Jan Mollyns*, 1565, in-fol., figg. sur bois, cartonné.
La marge supérieure du titre, un peu endommagée.

930. Chronique des ducs de Brabant, par Edm. de Dynter, publiée par M. de Ram. *Brux.*, 1854-60, 3 tom. en 4 vol. in-4°, portr. cart.

931. J. B. de Vaddere. Traité de l'origine des ducs et du duché de Brabant, publié par J. N. Paquot. *Brux.*, 1784, 2 vol. p. in-8°, v. br.

932. J. B. de Vaddere. Traité de l'origine des ducs et du duché de Brabant. *Brux.*, 1784, 2 vol. p. in-8°, br.

933. Ph. de Bruyne, histoire du règne de Jean Ier, duc de Brabant. *Namur*, 1855, in-8°, br.

934. Fr. Haraei Annales ducum seu principum Brabantiae. *Antverp., Moretus*, 1623, 3 tom. en 2 vol. in-fol., figg., cart. n. r.

935. E. Poullet. Histoire de la joyeuse-entrée de Brabant et de ses origines. *Bruxelles,* 1863, in-4°, br.

936. Die blyde Incomst van den hertochdomme van Brabant. *Cuelen,* 1577. — Ordonnantie Albertine op de policye van Antwerpen, et autres (en ms). *Antw.,* 1618, 2 vol. in-4°, en vélin.

937. De Blyde Incomste van H. M. Maria Theresia, hertoginne van Brabant (1744). *Brussel,* 1758, p. in-fol. veau brun.

A ce volume sont ajoutées plusieurs pièces diplomatiques du temps et les listes d'objets en argent, linge, etc., saisis chez les Jesuites.

938. P. Divaeus. Rerum brabanticarum libri XIX, studio Aub. Miraei. *Antverp.,* 1610, in-4°, vélin.

939. Rerum brabanticarum libri XIX, auctore P. Divaeo. *Antverp., Verdussen,* 1610, in-4°, cart.

940. Beschryvinghe der edele stadt van Brussel, met een kort verhael van alle hare kercken, paleys, gildens, enz. *Tot Brussel by L. de Wainne,* 1720, in-12, en vélin. (*Rare*).

941. Eug. Bochart. Bruxelles ancien et moderne. Dictionnaire histor. des rues, etc. *Brux., s. d.,* in-8°, dem. rel.

942. Le Parc de Bruxelles, ancien et moderne, par B. de Smedt, avec six vues. *Brux., Van Dale,* 1847, in-12, dem. veau fauve.

943. Monographie de l'église collégiale de SS. Michel et Gudule. *Brux.,* 1866, in-12, fig., br.

944. Alph. Balleydier. Histoire de Sainte Gudule et du Saint-Sacrement de Miracle. *Bruxelles,* 1859, p. in-8°, br.

945. Histoire du S. Sacrement de Miracle reposant à Bruxelles en l'Eglise Collegiale de S. Goudele, par Estienne Ydens. *Bruxelles, Velpius,* 1605, p. in-8°, figg. sur cuivre, maroq. rouge à large dent., dor. sur tr. (*De Mesmaccker*).

946. Dissertation historique sur les hosties miraculeuses du Saint-Sacrement de Bruxelles (par Cafmeyer). *Bruxelles,* 1790, in-8°, figg. sur cuivre, veau, tr. dor.

947. Recueil des proces-verbaux des Representants provisoires de la ville libre de Bruxelles. *Brux.,* 1793, 3 vol. in-8°, frontisp., br.

948. Souvenirs de Bruxelles, par Mad. la Baronne Willmar. *Brux.,* 1862, p. in-8°, br.

Édition privée, tirée à petit nombre d'exemplaires.

949. Trophée de la religion catholique dans les Pays-Bas (895) erigée au Lacq, sous la ruine des Normans. *Brux., s. d.*, p. in-8°, fig. v. br.

950. Les XIV livres sur l'histoire de la ville de Louvain, de Jean Molanus, publiés par M. de Ram. *Bruxelles*, 1861, 2 vol. gr. in-4°, cart.

951. M. Piot. Histoire de Louvain, depuis son origine. *Louvain*, 1839, in-8°, dem. rel.

952. Piot. Histoire de Louvain. depuis son origine. *Louvain*, 1839, in-8°, br.

953. Nic. de le Ville, Heverlea celestina. *Lovanii.* 1661, in-12, vélin.

954. G. J. Servranckx. Histoire de la commune de Héverlé et de ses seigneurs. *Louvain*, 1855, in-8°, dem. v. fauve.

955. P. V. Bets. Histoire de la ville et des institutions de Tirlemont. *Louvain*, 1860, 2 vol. p. in-8°, carte, br.

956. Fr. Lemaire. Notice histor. sur la ville de Nivelles. *Nivelles*, 1848, in-8°, cart.

Histoire de Flandre.

957. ANT. SANDERUS. Flandria illustrata sive descriptio comitatus istius... *Coloniae Agripp., C. ab Egmont, (Amsterd., Blaeu)* 1641, 2 vol. gr. in-fol., nombr. figg., vélin doré.
PREMIÈRE ÉDITION, recherchée pour les belles figures. Sauf de légères taches de rousseur, comme dans tous les exemplaires, l'ouvrage est bien conservé.

958. — — Flandria illustrata. sive provinciae ac comitatus hujus descriptio. *Hag. Com.*, 1732, 3 vol. in-fol. figg., veau brun.
Taches d'humidité. — Le titre du tome III raccommodé. La reliure de ce volume a un peu souffert.

959. — — Verheerlykt Vlaandre. *s'Hage*, 1735, 3 tom. en 2 vol. in-fol., nombr. figg. et cartes, dem. rel. non rognés.
Il manque dans cet exemplaire 2 ou 3 plans de ville.

960. J. B. Descamps. Voyage pittoresque de la Flandre et du Brabant. *Paris*, 1838, in-8°, dem. veau.

961. Recueil des Chroniques de Flandre, publié par J. J. de Smet. *Bruxelles*, 1837-56, tom. I à III, 3 vol. gr. in-4°, cart.

962. J. Marchantii Flandria commentariorum lib. IIII descripta. *Antv.*, *Plantin*, 1596, in-8°, v. br.

963. Compendium chronicorum Flandriae, per Jacobum Meyerum. *Norimbergae*, *anno* 1538, in-4°, veau fauve à dent.
Titre monté. — Ex. de M. de Jonghe.

964. Commentarii sive Annales rerum Flandricarum libri XVII, autore Jacobo Meyero. *Antverpiae*, *Steelsius*, 1561, in-fol., veau fauve, à fil.
Bel exempl. de la bibl. de Jonghe.

965. De rebus Flandriae memorabilibus, per Jac. Marchantium. *Antverp.*, *Plantin*, 1567. — P. Divaei de Galliae belgicae antiquitatibus. *Ibid.*, *id.*, 1566. — Nuenari de Gallia belgica. *Ibid.*, *id.*, 1584, en 1 vol. p. in-8°, vélin.
En tête du volume l'*Itinerarium* d'Ortelius, incomplet.

966. J. N. Despars. Cronycke van den lande ende graefscepe van Vlaenderen. (405-1492), met aant. door J. de Jonghe. *Brugge*, 1840, 4 vol. in-8°, br.

967. Les Chroniques et Annales de Flandre, depuis l'an 620 jusqu'en 1476, par P. d'Oudegherst. *Anvers*, *chez Plantin*, 1571, in-4°, v. br.
Raccommodages aux premiers feuillets.

968. P. d'Oudegherst. Annales de Flandres, avec des notes par M. Lesbroussart. *Gand*, 1789, 2 vol. in-8°, dem. veau, n. r.

969. Annalium Flandriae libri IV ab anno 1120 usq. ad ann. 1566, authore Lamb. Van der Burchio, Decano. — In-4°, en peau de truie.
Manuscrit du commencement du xviie siècle, sur papier. Cette Histoire des Comtes de Flandre n'a pas été imprimée.

970. G. Galopinus. Historiae Flandricae synopsis ab anonymo scriptore (1162-1482), edid. J. N. Paquot. *Brux.*, 1781, in-4°, dem. v.

971. Olivier van Dixmude. Merkwaerdige gebeurtenissen in Vlaenderen en Brabant van 1377 tot 1443, uitgeg. door J. J. Lambin. *Ypre*, 1835, in-4°, dem. rel.

972. Delepierre. Chroniques, traditions et légendes des Flandres. *Bruges*, 1834, in-12, dem. rel.

973. La Flandre illustree par l'institution de la Chambre du Roi à Lille en 1385... par J. de Seur. *Lille*, 1713, p. in-8°, v. br.

974. L. van den Hane. Vlaemsch Regt of Costumen ende Wetten van Vlaenderen, vergadert en oversien. *Tantw.*, 1676, in-fol., veau.

975. Edw. le Glay. Histoire des Contes de Flandre, jusqu'à l'avènement de la maison de Bourgogne. *Brux.*, 1843, 2 vol. in-8°, br.

976. Oliv. Vredius. Historia comitum Flandriae, libri duo. *Brugis*, 1650, in-folio, figg., veau brun.

977. — — Sigilla comitum Flandriae et inscriptiones diplomatum cum expos. historica. *Brugis Flandr.*, 1639, p. in-fol., figg. gravées, veau br.

978. Olivier de Wree. De Seghelen der Graven van Vlaendren ende voorschriften van hunne brieven. *Brugghe*, 1640, p. in-fol., figg. de sceaux, en vélin.

979. — — Les seaux des Contes de Flandre, et inscriptions des chartres. *Bruge*, 1641. — La genealogie des Comtes de Flandre, depuis Baudouin Bras de fer. *Ibid.*, 1642, avec les Preuves; ensemble 3 vol. p. in-fol., figg., v. br.

980. Chronique des faits et gestes admirables de Maximilien I durant son mariage avec Marie de Bourgogne, trad. par M. Delepierre. *Bruxelles*, 1839, in-8°, figg., br.

981. IMAGO FLANDRIAE. Estampe allégorique sur l'état de la Flandre; le sujet réprésente un grand cercle, au milieu duquel on voit une femme nue (la Flandre) nourissant deux loups : entre le premier et second trait du cercle intérieur des vers latins, 18 lignes; ensuite, au dessus les 12 villes belges, representées par des chateaux forts. — A gauche de la femme, l'incription *Gib fiet ex Gubid || Cum deca decas ibit. ||.* — Les lettres G. B. I Y. D. qui entourent l'image de la Flandre, semblent signifier *Gand*, *Bruges*, *Insulae* (Lille), *Ypres*, *Douai*. — En haut de la planche a droite et à gauche une inscription latine avec la date de 1668 et au-dessous du cercle, au pied de l'estampe, « *Edilum anno MDLXVIII* » : cette planche entièrement gravée sur cuivre, mesure 37 1/2 centim. de haut, sur 35 cent. de large.

Voyez sur cette pièce singulière, le *Beredeneerde Beschrijving van Nederl. historie platen*, de M. Fred. Muller, (n° 305).

Il résulte de l'explication qui accompagne une autre édition de la même planche, que l'original était un ancien dessin sur vélin, peint en couleurs, trouvé dans le couvent d'Eechoute à Bruges et qu'on attribuait ce dessin au savant abbé Lub. Hausschild, nommé évêque au Concile de Constance. — Le vers *Cum deca* etc. est un vers chronogrammatique sur la date de 1468.

Le sujet de cette allégorie n'est pas encore determiné.

982. A. Bartels. Les Flandres et la Révolution belge. *Brux.*, 1834, in-8°, br.

983. Traité des droits du Roy tres chrestien sur le Comté de Flandre. — La sincerité opposee ou responce au Traité... (précédent), mis en lumiere par Monsieur du Puy, in-fol, en carton.

Manuscrit très étendu, probablement autographe, couvert de corrections et de changements.

Ce travail curieux date du commencement du xviiie siècle.

984. L'ancienneté de la ville de Gand, établie par des chartes et d'autres monumens, par J. de Bast. *Gand*, 1821, in-4°, br.

Ouvrage estimé.

985. P. de Jonghe. Gendsche geschiedenissen van de Ketterye, 1566-1582, binnen Gend. *Gend, de Goesin*, 2 vol. in-12, br.

986. Mémoires sur les troubles de Gand, 1577-1579, par Fr. de Halewyn, avec des notes par M. Kervyn de Volkaersbeke. *Brux.*, 1865, in-8°, br.

987. A. de Bast. Rélation des tentatives faites par les Gantois, pour s'ouvrir une route directe avec l'Océan. *Gand*, 1829, in-8°, br.

988. J. Huyttens. Recherches sur les corporations gantoises. *Gand*, 1861, in-4°, avec figg., br.

989. L. A. Warnkoenig. Histoire de la ville de Bruges. *Brux.*, 1856, in-8°, br.

990. Histoire du diocèse de Bruges, par J. G. Canneel. *Bruges, s. d.*, in-folio, orné de beaux portraits, en feuilles.

Exemplaire complet.

991. Jaer-boecken der stadt Brugge, tot op den jegenwoordigen tydt, door Joncker Ch. Custis. *Brugge*, 1765, 3 vol. p. in-8°, v. rac.

992. Précis des Annales de Bruges, augmenté d'une notice sur l'hôtel-de-ville, avec 44 figures, par M. Delepierre. *Bruges*, 1835, in-8°, figg., dem. rel.

993. Manuscrits. — Volume contenant les listes des magistrats de la ville de Bruges, de 1470 à 1585. (Ecriture de la fin du xvie siècle.) Petit in-4°, sur papier.

Ce registre fait suite à un autre. C'est l'œuvre originale de Jacques Van Pamele, chanoine de l'église de St-Donation, à Bruges, qui a dressé ces listes d'après des lettres échevinales et les registres de la Vierschare.

994. — — Registre aux biens et rentes que Sébastien Van den Berghe possédait à Bruges et dans différentes localités de la Flandre, de 1535 à 1585. In-quarto, papier.

La reliure de ce volume est curieuse : elle consiste en une feuille de cuir gauffré, sur laquelle on lit, en très-grands caractères, les noms de *Jésus* et de *Maria*. Les archives de la ville de Bruges en renferment de semblables.

995. — — Registre contenant la transcription des actes et dénombrement des fiefs situés à Oostkerke, Clyte à Steenkerke, Lampernesse, etc., et dépendant de diverses cours, appartenant à Pierre de Courtewille, chevalier, seigneur de Lynde, etc. — Petit in-quarto, sur vélin, relié en veau noir. (*Ecriture du XVI*e siècle.)

996. — — Dénombrement et mesurage des biens appartenant à François Vlaemynck, et situés dans diverses localités de la Flandre, fait en 1559. Gros volume petit in-quarto, couvert de cuir. (*Reliure du temps.*)

997. — — Recueil contenant divers traités en latin, de *Jean de Lisura, Pierre de Alyaco, Nicolas de Oresme*, etc. Petit in-quarto, relié en veau. (*Reliure et écriture du XV*e siècle.)

Ce manuscrit a appartenu en 1512 à un certain F. Arnoldi, de Bruges.

998. Chronica abbatum monasterii de Dunis, avec les suppléments et le cartularium de 685 chartes. *Bruges*, 1864-67, 3 vol. in-4°, brochés.

Exemplaire en *grand papier vélin*.

999. F. Van de Putte. Chronique du monastère d'Oudenbourg. *Gand*, 1843, gr. in-4°, br.

Exempl. sur *grand papier vélin*.

1000. F. J. de Smet. Description de la ville et du comté d'Alost. *Alost*, 1852, in-8°, carte, br.

1001. J. van Waesberghe. Gerardi-Montium, sive altera imperialis Flandriae metropolis ejusque castellania. *Brux.*, 1627, p. in-4°, vélin.

1002. Joan. Buzelinus. Gallo-Flandria sacra et profana, et Annales Gallo-Flandriae. *Duaci*, 1624-25, 2 parties en 1 vol. in-fol., veau br.

1003. J. MALBRANCQ. De Morinis et Morinorum rebus, sylvis, paludibus, oppidis, etc. *Tornaci Nerv.*, 1639-54, 3 vol. in-4°, figg., veau brun.

Très-bel exemplaire de cet ouvrage rare, conforme à la description du *Manuel*.

1004. — — De Morinis et Morinorum rebus, sylvis, oppidis et monaster. *Tornaci*, 1639-1654, 3 vol. in-4°, veau marbr.

Ex. bien conservé d'un livre qu'on trouve rarement complet. Le troisième volume manque presque toujours.

Les 3 figg. gravées qui devaient se trouver au tome II (pp. 182, 246, 774), manquent.

1005. Coutumes et priviléges de la Seigneurie de Lieffringhen, sous les seigneurs Jean van Leefdael, Henri van Leefdael, Roger van Leefdael et Philippe Colins (1594-1731); avec l'affirmation par les dignitaires du Chapître de Cambray. In-folio.

Manuscrit en flamand, daté de 1731.

1006. Histoire de la ville de Lille, jusqu'en 1434 (par le Chanoine de Montlinot). *Paris*, 1764. — Observations sur l'histoire de Lille. *Avignon*, 1785. — Guide dans la ville de Lille. *Lille*, 1772, ens. 3 vol. p. in-8°, veau jaspé.

1007. P. Faulconnier. Description historique de Dunkerque, contenant son origine et progrès, etc. *Bruges en Flandres*, 1730, in-fol., 2 tom. en 1 vol., figg., maroq. rouge à dent., tr. dor. *(ancienne reliure)*.

Bel exemplaire.

Hainaut.

1008. (Phil. Brasseur). Origines omnium Hannoniae coenobiorum. *Montibus*, 1650, p. in-8°, vélin.

1009. Le triomphe des vertus angéliques representé dans les actions de S. Aye, comtesse de Haynau, par Jacq. Coret. *Mons*, 1674, in-4°, dem. rel.

Le frontispice manque.

1010. Dictionnaire onomastique des chartes du pays et comté de Hainaut de l'année 1619, par le Cte de St Genois. *S. l.*, 1782, in-8°, br.

1011. Loix, chartres et coustumes du noble pais et Conte de Haynault qui se doibvent observer... en la souveraine court de Mons... *Imprime a Anvers par Jehan Loe pour Jehan Monsieur et Laurens Lenfant Libraires a Mons en Haynault*, 1553. — Loix, chartres et coustumes du chieflieu de la ville de Mons.... *Ibid.*, *id.*, 1553, in-8°, gothique, en vélin.

Exemplaires très bien conservés.

1012. Lois, chartes et coustumes de la ville de Mons. — Ordonnances à l'esclarcissement d'aucuns articles des chartes eschevinales. *Mons, Ch. Michel*, 1598, in-8°, en vélin (taché).

1013. Les Chartes nouvelles du pays et comte de Haynnau, augmentées par M. Fortius. *Mons*, 1666, in-4°, rel. (mouillé).

On y a ajouté plusieurs *Ordonnances* et *Placcards* concernant le même comté.

1014. Recueil de placards, decrets, du païs de Hainau. *Mons*, 1787, 1 vol. — Les Chartes nouvelles du pays de Hainau. *Ibid.*, 1789. — Loix, chartes et coutumes de Mons. *Ibid.*, 1761, ens. 3 vol. p. in-8°, v. br.

1015. Exposition du droit des Curés de la province de Hainau. *Brux.*, 1571, in-12, v. br.

1016. A. G. Chotin. Études étymologiques sur les noms des villes de la province de Hainaut. *Tournai*, 1857, in-8°, carte, br.

1017. Ch. Duvivier. Recherches sur le Hainaut ancien du VII° au XII° siècle. *Brux.*, 1866, 2 vol. in-8°, cartes, brochés.

1018. Gisleberti Chronica Hannoniae nunc primum edita cura et studio March. du Chasteler. *Bruxellis*, 1784, in-4°, v. br.

1019. Le premier (second et tiers) volume des Illustrations de la Gaulle belgique, antiquitez du pays de Haynnau et aultres choses singulieres (par Jacques de Guyse). *Paris, chez Françoys Regnault*, 1531, in fol. goth., figg. sur bois, veau brun aux armes.

Exemplaire bien conservé. Notes marginales au crayon.

1020. De Guyse. Les Chroniques et Annales du Haynnau.— *Paris, chez François Regnault*, 1531, in-fol. goth., 3 part. en 1 vol. avec figg., dem. rel.

Exempl. grand de marges, mais auquel manque le premier titre et quelques feuillets de la première partie.

1021. Jacques de Guyse. Histoire du Hainaut, annotée par le Marq. de Fortia d'Urban. *Paris*, 1826-38, 21 tom. en 22 vol. in-8°, brochés.

1022. Fr. Vinchant. Annales de la province et comté d'Haynau, ensemble les evesques de Cambray, augmentées par Ant. Ruteau. *Mons*, 1648, p. in-fol., frontisp., veau marbr. (aux armes).

La carte manque.

1023. — — Annales de la province et comté d'Haynau. *Mons, Havart*, 1648, p. in fol. v. br.

Le frontispice et la carte manquent.

1024. Chronicon Balduini Avennensis sive historia genealogica comitum Hannoniae, notis illustrata studio J. Bar. Le Roy. *Antverpiae*, 1693, p. in-fol., blasons et carte, br. non rogné.

1025. Le P. Delewarde. Histoire générale du Hainau. *Mons*, 1718, 5 vol. p. in-8°, dem. rel.

1026. Chronique du Hainaut et de Mons, publiée par Aug. Lacroix. *Mons,* 1842, in-4°, caract. goth., br.

1027. L'abbé Hossart. Histoire ecclesiastique et profane du Hainaut. *Mons,* 1792, 2 vol. in-8°, br.

1028. Épisode du règne de Jean de Bavière (1406) par Aug. Lacroix. *Mons,* 1841, in-8°, cart.

1029. Le livre noir du pays et comté de Hainau, ou correspondance du gouvernement autrichien, avec ses agents. *Mons,* 1790, 13 part. et 3 suppl., in-8°, en maroq. noir.
Avec une longue note ms. de M. Delecourt (*Mons,* 1833).

1030. G. J. de Boussu. Histoire de la ville de Mons, ancienne et nouvelle. *Mons,* 1725, in-4°, figg. v. br.
On y ajoute : Le *Supplément à l'Histoire de Mons de* 1725 à 1754, par le même auteur. *Mons,* 1868, 2 part. in-4°, br.

1031. Histoire de la ville de Mons, capitale du Hainau, par G. J. de Boussu. (Supplément, 2 part.) — Memoires par Max. Leclercqz (Suite à de Boussu). *Bruxelles,* 1868-70, 3 part. in-4°, br.

1032. La tour de Sainte-Waudru à Mons, facsimile du plan original, avec notice par R. Chalon. *Bruxelles,* 1844, in-8°, avec les 6 pl. in-folio, collées ensemble.

1033. Chapître de Sainte Waudru. — Noms des familles dont les preuves de noblesse ont été reçues au très illustre Chapître de Sainte Waudru, depuis l'an 1300 à 1777 (ms. du siècle dernier), avec une Table alphabétique ajoutée. — Minute d'une requête à l'Impératrice pour obtenir l'affirmation des priviléges du Chapître. — Reflexions à la representation des Chanoinesses. — Nomination de la Princesse Anne Charlotte de Lorraine, abbesse de Sainte Waudru. — Rescrit du Prince Alexandre touchant l'Entrée de l'Abbesse, et autres pièces, copies anciennes, en 1 vol. in-folio.

1034. Reglement donné à ceux de Soignies le 23 Oct. 1690. *Mons,* 1766, in-12, v. br.

1035. Pierre Colins. Histoire des choses plus memorables advenues depuis l'an 1130, digirées selon le temps qu'ont dominé les Seigneurs d'Enghien. *Mons, Waudré,* 1634, in-4°, vélin.

1036. Neo-Chronologium Carmeli Angiensis et Cronologia totius ordinis ab anno 1254 ad ann. 1750. In-fol., *s. l. n. d.*, de 11 feuillets imprimés d'un seul côté.

1037. Reglement et ordonnance de l'Impératrice, pour la ville d'Enghien. *S. l.*, 1768, p. in-fol., veau br.

On y ajoute : *Reglement pour la ville de Hal*, de 1765, in-fol. br.

1038. A. Parent. Notice historique et biographique de la ville de Braine-le-Comte. *Braine-le-Comte*, 1868, in-8°, figg., dem. rel.

1039. L'abbé Declèves. Notre-Dame de Bonne Espérance. *Tournai*, 1857, in-8°, figg. br.

1040. Histoire de l'abbaye d'Aulne, par G. Lebrocquy. *Paris*, 1862, in-12, br.

1041. Lobbes, son abbaye et son chapître, histoire complète du monastère, par l'abbé J. Vos. *Louvain*. 1865, 2 vol. in-8°, figg., brochés.

1042. G. J. de Boussu. Histoire de la ville d'Ath (410-1749). *Mons*, 1750, in-8°, fig., veau br.

1043. Jean Cousin. Histoire de Tournay ou quatre livres des Chroniques et Annales de Tournay. *Douay*, 1619, 4 tom. en 2 vol. in-4°, figg., veau brun.

Un nom decoupé au premier titre.

1044. Summa statutorum synodalium cum praevia synopsi Vitae episcop. Tornacensium. *Insulis*, 1726, in-8°, v. br.

1045. Vie de François Hirn, 55ᵐᵉ évêque de Tournai. *Courtrai*, 1820, in-8° br., portrait ajouté.

1046. M. Pinault. Histoire du Parlement de Tournay. *Valenciennes*, 1701, in-4°, v. br.

1047. Livre noir de Tournay ou Correspondance du ci-devant gouvernement... avec ses agents dans la province du Tournésis. *Tournay*, 1790, 5 part. en 1 vol. in-8°, cart. n. r.

1048. J. Le Maistre d'Anstaing. Recherches sur l'église cathédrale de Notre-Dame de Tournai. *Tournai*, 1842, 2 vol. in-8°, figg., dem. rel.

1049. Anastasis Childerici I. francorum regis sive thesaurus sepulchralis Tornaci Nerv. effossus, comment. illustr. auct. J. J. Chifletio. *Antverp.*, 1655, in-4°, figg. vélin.

Ex. grand de marges.

1050. H. d'Outreman. Histoire de la ville et comté de Valen-tiennes, augmentée par P. d'Outreman. *Douay, Vᶜ Wyon*, 1639, in-fol., portrait et carte, bas.

Principauté de Liége.

1051. Les Délices du pays de Liége, ou description des Monumens de cet évêché. *Liége,* 1738, in-fol., nombr. figg. sur cuivre, dem. rel. veau raciné.

Tome premier seul, comprenant la description et les vues de la ville de Liége.

1052. Dewez. Histoire du Pays de Liége. *Brux.*, 1822, 2 vol. in-8°, br.

1053. De Crassier. Recherches et dissertation sur l'histoire de la principauté de Liége, etc. *Liége,* 1845, in-8°, broché.

On y ajoute la reponse de l'auteur, à *une diatribe anonyme sur ces Recherches.*

1054. Barthol. Fisen. Sancta Legia romanae ecclesiae filia sive historiarum ecclesiae Leodiensis partes duae. *Leodii, Streel,* 1696, in-fol., veau brun.

Exempl. de Servais, figures ajoutées.

1055. J. Chapeaville. Gesta pontificum Tungrensium, Traiectensium et Leodiensium, auctores praecipui. *Leodii, Ouwerx,* 1612, 3 vol. in-4°, veau br.

1056. Copie van het Placcaet van d'Inquisitie ghemaeckt ende ghepublieert by den nieuwen Bisschop van Luyck... mitsgaders eene Waerschouwinghe aen de Inwoonders... *Thantwerpen, ten huyse van Jasper Troyens,* 1582, in-4°, vélin.

Pièce rare, dont on ne connaît que *trois exemplaires (Bibliogr. Liégeoise,* p. 552).

1057. Tragedische Historie ofte waerachtige relatie, aengaende hetghene in het bloedigh Banquet van den graef Warfusée ghepasseert is (16 avril 1637). *T'Amstelred.,* 1637, in-4°, vignette au titre et une planche sur cuivre, broché.

Pièce très rare sur l'assassinat du bourgmestre De la Ruelle, Le titre et la première page un peu rognés à la marge inférieure.

1058. Rerum Leodiensium Status. *Hagae-Comitis,* 1650, in-4°, br.

Pièce rare. Le seul exempl. décrit est celui de l'auteur de la *Bibliographie Liégeoise.*

1059. De Dohm. Exposé de la Révolution de Liége en 1789, et de la conduite du Roi de Prusse. *Liége,* 1790, in-8°, v. brun.

1060. PROCÈS DE REMACLE DE FABRI, prieur de l'abbaye de Malmédy à propos des délapidations et des scandales dont cette abbaye était devenue le théâtre. — Recueil de 50 pièces authent., interrogatoires, mémoires, plaidoiries, enquêtes, etc. (1680-1720), en 1 vol. gr. in-4°.

Recueil unique extrêmement curieux, qui jusqu'ici avait échappé aux recherches des amateurs. Toutes ces pièces, imprimées par ordre de la Congrégation de la Rote ne sont tirées qu'à un très petit nombre d'ex. qui sans doute, n'ont pas été livrés à la publicité. — Il suffit de signaler une seule expression d'un de ces documents. *La casa di Dio*, dit-il., *è fatta un luogo di ballo*... etc., pour faire connaître les causes de ce procès scabreux.

1061. J. P. de Limbourg. Nouveaux amusemens des Eaux de Spa, avec figures en taille-douce. *Paris et Liége, s. d.*, in-8°, dem. rel.

1062. Vie de Jacques Pierlot, pretre de la paroisse de Vervier avec tous les details de son crime et de son supplice. *Vervier*, 1786, in-8°, avec 5 figg., dem. v.

1063. La prise de Chièvremont ou les mœurs du xᵉ siècle, par J. P. B. L(atour). *Liége*, 1825, in-8°, br.

1064. J. Daris. Histoire de la bonne ville, de l'église et des comtes de Looz. *Liége*, 1864, 2 vol. in-8°, figg., brochés.

Anvers. — Limbourg. — Namur.

1065. Dan. Papebrochius. Annales Antverpienses ab urbe condita ad annum 1700, ed. F. H. Mertens. *Antverp.*, 1845-48, 5 vol. p. in-4°, brochés.

1066. J. C. Diercxsens. Antverpia Christo nascens et crescens. *Antverp.*, 1747, 5 vol. in-12, v. br.

1067. P. F. X. de Ram. Synopsis actorum ecclesiae Antverpiensis. *Brux.*, 1856, in-8°, br.

1068. Chronyck van Antwerpen, 1500-1575. *Antw.*, 1843, in-8°, fig., cart.

1069. Actes d'accommodemens des desordres causés en la ville d'Anvers par la resistance des Doyens et gens de mestiers. *Bruxelles*, 1659, in-4°, cart.

1070. Brief discours de la trahison advenue en la ville de Liere en Braband, par un capitaine escossois, nommé Guill. Semple.... (2 août, 1582), *S. l. (Anvers?)* 1582, in-4°, vélin.

Non cité dans le *Catalogus Meulman*.

1071. C. van Gestel. Historia sacra et profana archiepisco-
patus Mechliniensis. *Hag. Com.*, 1725, in-fol., figg., veau fauve
à dent.

Bel exemplaire.

1072. Acta S. Rumoldi episcopis et patroni Mechliniensium,
collegit J. B. Sollerius. *Antverp.*, 1718, in-fol., portrait et
figg., v. br.

1073. Annuaire ecclésiastique de l'archevêché de Malines,
années 1860, 1861, 1863, suivi d'Analectes. *Louvain*, in-8°,
brochés.

1074. Coustumes et reglements du duché de Limbourg.
Bruxelles, s. d., in-4°, avec le supplément, v. br.

1075. M. Ernst. Histoire du Limbourg, suivie de celles des
comtés de Daelhem et de Fauquemont, publiée par E. Laval-
leye. *Liége*, 1837-52, 7 vol. in-8°, figg., br.

1076. Galliot. Histoire générale de la ville et province de Namur. *Liége*, 1788, 6 vol. p. in-8°, dem. veau.

1077. J. B. de Marne. Histoire du comté de Namur, publiée
par J. N. Paquot. *Brux.*, 1781, 2 vol. in-12, reliés.

1078. J. B. de Marne. Histoire du comté de Namur, augmentée par J. N. Paquot. *Brux.*, 1781, 2 tom. en 1 vol., in-12,
v. br.

1079. Coutumes et ordonnances du pays et comté de Namur,
revues et corrigées. *Malines*, 1733, in-4°, v. br.

Cambray et Cambrésis.

1080. Cameracum Christianum ou histoire ecclésiastique du
diocèse de Cambrai, d'après le Gallia Christiana, par M. le Glay.
Lille, 1849, gr. in-8°, broché.

1081. Chronicon Cameracense et Atrebatense sive historia
utriusque ecclesiae, III libris; notis illustr. per Georg: Colve-
nerium. *Duaci, J. Bogard*, 1615, in-8°, en vélin.

Bel exemplaire.

1082. Michaux aîné. Notice historique sur les circonscriptions ecclésiastiques du diocèse de Cambrai. *Avesnes*, 1867, in-8°, carté, br.

1083. Concilium provinciale Cameracense in oppido Montis Hannoniae habitum, 1586. *Mont. Hann.*, 1587, in-4°, cart.

1084. Decreta Synodi dioecesanae Cameracensis (1604). — Idem, celebratae anno 1550 per Rob. de Croy. — Concilium provinciale Cameracence (1586). *Montibus Hann.*, 1602-4, en 1 vol. in-8°, cart.

Un feuillet déchiré dans la dernière partie.

1085. Jean le Carpentier. Histoire genealogique des Païs-Bas ou histoire de Cambray et du Cambrésis. *Leyde*, 1664, 2 v. in 4°, veau br. à dent.

Les deux planches manquent.

1086 Ant. Le Waitte. Historia Camberonensis. *Paris, Cramoisy*, 1672, in-4°, dem. veau.

Exempl. de M. de Jonghe.

1087. H. Piers. Histoire de la ville de Thérouanne. *Saint-Omer*, 1833, in-8°, br.

Histoire de Hollande.

1088. Vues de la Hollande et de la Belgique, dessinées par W. Bartlett, avec texte par N. G. van Kampen. *Londres, s. d.*, in-8°, figg. sur acier, relié, tr. dor.

1089. Belgium and Nassau or the continental tourist. *London, s. d.*, in-8°, nombr. planches sur acier, toile dor., tr. dor.

Exemplaire en *grand papier* (in-4°), les *épreuves sur chine* (*proofs*).

1090. Generale en particuliere gezigten van Clingendaal, Sorgvliet, Honslerdyk, 't Loo, en 't huys te Voorst. *Amsterdam, by Nic. Visser, s. d.*, in-fol., cart.

Quatre-vingt cinq grandes et petites estampes sur cuivre, d'après Stoopendaal, Van den Avele et Scherm, représentant les vues de ces belles résidences de campagne.

1091. H. F. V. H(eusden). Historia episcopatuum foederati Belgii. *Lugd. Batav.*, 1719, 2 vol. in-fol., nombr. figg., v. br.

1092. Historie der Uitrechtsche Kerke sedert den tyd der veranderde godsdienst in de Vereenigde Nederlandeu, door Hoynck van Papendrecht. *T'Utrecht*, 1740, in-fol., dem. veau.

1093. Chronicon Egmundanum seu Annales regalium abbatum Egmund. auct. Joh. de Leydis. *Lugd. Bat.*, 1692, in-4°. vélin.

1094. Hollandse Jaarboeken of Rymkronyk van Melis Stoke, met de afbeeldingen der graven en andre oude frayigheden, uitgeg. door C. van Alkemade. *Leyden*, 1699, in-fol., grav. sur cuivre, vélin cordé.

1095. Annales des Provinces-Unies depuis 1646, par M. Basnage. *La Haye*, 1726, 2 vol. in-fol., v. br.

1096. P. C. Hooft. Nederlandsche historien seedert Philips (van Spanje) tot op Leicester. *Amsterd.*, 1703, 2 vol. p. in-fol., nombr. figg. sur cuivre, en vélin cordé.

1097. Copie van zekere goedertverlicke waerschouwinge ghesondē aenden landen van Ghelre eñ Zutphen, by onse Vrouwe .. de Regente. *Men vintse te coope Thanwerpen op de Lombaerde Veste by de weuwe Christoffels* (1542), in-4°, goth. de 4 ff., br.

1098. Représentation de l'inondation près d'Arnhem en 1740. — Ware Afbeeldinge van het overstroomen der rivieren, etc. (Planche gravée sur cuivre par Jan Smit, avec texte en caract. mobiles). *Te Amsterdam*, 1741, gr. in-folio, 1 feuille.

1099. La reduction de la ville de Bois-le-Duc aux Estats d'Holande. *Paris, Martin*, 1629. — Recit veritable de la prise de Vesel, ensemble du siége de Bolduc. *Ibid.*, *idem*, 1629, in-8°, br.

1100. G. Brandt. La vie de Michel de Ruiter, où est comprise l'histoire maritime des Provinces-Unies, de 1652 à 1676. *Amsterd.*, 1698, in-fol. figg. sur cuivre, veau br.

HISTOIRE DE FRANCE

1101. Bar. Walckenaer. Géographie ancienne, histor. et comparée des Gaules cisalpine et transalpine. *Paris*, 1839, 3 v. in-8°, brochés et atlas.

1102. M. d'Anville. Notice de l'ancienne Gaule, tirée des monumens romains. *Paris*, 1760, in-4°, carte, v. br.

1103. D'Anville. Eclaircissemens geographiques sur l'ancienne Gaule. *Paris*, 1743, gr. in-12, cart., v. br.

1104. P. G. Chanlaire. Atlas national portatif et routier de la France. *Paris*, 1816, in-4°, avec 89 cartes color., dem. rel.

1105. Itinéraire complet de la France, ou tableau général de toutes les routes de ce Royaume. *Paris*, 1788, 2 vol. in-8°, veau.

1106. (Présid. Hénault). Nouvel abrégé chronologique de l'histoire de France. *Paris*, 1761, 2 vol. p. in-8°, veau.

1107. CHRONIQUE DE FRANCE, et Recueil de l'histoire générale du monde, in-folio, première reliure en vélin.

Manuscrit de la fin du xvie siècle, d'une bonne écriture sur papier, reliure originaire en vélin, comprenant les deux parties dont nous donnons ici les titres.

Le premier ouvrage embrasse l'histoire de France, depuis ses origines jusqu'à la mort d'Henri III (1589). L'auteur passe rapidement sur toute la période ancienne ; puis, à mesure qu'il avance dans son résumé, — car ce n'est qu'un résumé, mais il est très substantiel — les alinéa deviennent plus longs et le récit est plus détaillé.

Le second ouvrage est de la même main que le premier, le compilateur part de la création et résume les grands faits de l'histoire jusqu'à Alexandre ; là, il s'interrompt pour reprendre plus loin au règne d'Auguste, en ménageant du papier blanc, probablement avec l'intention de remplir la lacune, et il poursuit jusqu'en 1589. Dans cette seconde partie encore l'importance du récit est proportionnée à la progression des événements.

Nous ne croyons pas que ces deux chroniques aient été publiées et peut-être y trouverait-on des renseignements qu'on chercherait vainement ailleurs. Au style *dépouillé d'artifice et sans fard* on voit que l'auteur a écrit pour ainsi dire, au courant de la plume, sur de bons renseignements et d'après des matériaux indiscutables.

1108. RECUEIL DES HISTORIENS des Gaules et de la France, par Dom Bouquet, Brial et autres. *Paris*, 1738-1808, tomes I à XV, 15 vol. in-folio, veau rac. à fil.

Bel exemplaire.

1109. Gregorii Turonici Historiae francorum libri X. *Basileae*, 1568, in-8°, v. br.

Au titre la signature de *Thomas Stapleton*.

1110. Rob. Gaguini de origine et gestis francorum compendium. *Lugd.*, *Joh. Trechsel*, 1497, in-fol., lettres rondes, peau de truie.

Piqûres de vers. — Au titre la devise manuscrite « *Patience mest Penitence* » (d'un amateur belge).

1111. — — Compendium super francorum gestis. *Parisiis, Ant. Bonnemere*, 1514, in-8°, lettres rondes, v. br.

1112. Les Croniques et Annales de France, depuis la destruction de Troye iusques au Roy Loys unziesme, par feu Nicole Gilles, nouvellement imprimees sur la correction de maistre Denis Sauvage avec les effigies des Roys au naturel. *Paris*, 1566, 2 tom. en 1 vol. in-fol., figg. sur bois, veau br.

Le premier titre doublé.

1113. Les Illustrations de Gaule et singularitez de Troye, avec les deux epistres de Lamant Vert : le traicte de la difference des Scismes... la vraye histoire du prince Syach Ysmail et aultres œuvres, composées par Jehan le Maire. *Imprime a Paris par Francoys Regnault*, 1528, in-4°, goth. à 2 colonn., figg. sur bois, veau br. tr. dor.

Mouillure. L'exemplaire est court de marge en tête : transposition de quelques feuillets.

1114. Histoire de France, depuis les Gaulois jusqu'à la mort de Louis XVI, par Anquetil. *Paris*, 1833, 13 vol. in-8°, dem. toile.

1115. Amédée Gabourd. Histoire de France, depuis les origines gauloises. *Paris*, 1869, 3 vol. gr. in-12, br.

1116. M. de Sauvigny. Essais historiques sur les mœurs des François; trad. des chroniques depuis Clovis jusqu'à Saint-Louis. *Paris, Clousier*, 1785-92, 6 vol. in-8°, nombr. figg., basane.

1117. L'abbé de Gourcy. De l'état des personnes en France, sous la première et seconde race de nos rois. *Paris*, 1769, in-12, v. br.

1118. L'abbé Jager. Histoire de l'église de France pendant la Révolution. *Brux.*, 1853, 3 vol. in-8°, br.

1119. Voyage littéraire de deux Benedictins de S. Maur, (Martène et Durand) enrichi de figures. *Paris*, 1717, 2 part. en 1 vol. in-4°, v. br.

1120. (Auteuil). Histoire des Ministres d'Estat qui ont servi sous les roys de France. *Paris*, 1642, in-fol. v. br. (mouillure).

1121. Collection de documents inédits sur l'hist. de France. Rapports au Roi. Rapports au Ministre. Instructions, (Musique) avec figg. *Paris*, 1835-39, 3 vol. in-4°, (devenus rares).

1122. Amédée Thierry. Histoire des Gaulois. *Paris*, 1835, 3 vol. in-8°, br.

Quelques taches.

1123. ☞ Le Recueil de l'antique preexcellence de Gaule et des Gauloys. Composé par Guill. le Rovillé d'Alençon (avec l'Epistre des Rossignols). *On les vend à Poictiers, a lenseigne du Pelican*, 1546, in-8°, v. br.

Volume rare ; l'exempl. a une piqûre et tache d'eau.

1124. Capefigue. Charlemagne. *Brux.*, 1842, 2 vol. in-8°, portr., br.

1125. G. Henschenius. De tribus Dagobertis francorum regibus diatriba. *Antverp.*, 1655, in-4°, v. br.

1126. Lebon. Mémoire sur la bataille de Bouvines, en 1214. *Paris*, 1835, gr. in-4°, carte, br.

1127. Histoire des Ducs de Bourgogne de la maison de Valois, par M. de Barante, avec des remarques par M. de Reiffenberg. *Brux.*, 1835, 10 vol. in-8°, figg., cart. non rogn.

1128. Les Memoires de Gasp. de Saulx seigneur de Tavannes, (depuis l'an 1530 jusqu'en 1573, dressés par son fils et continués jusqu'en 1596). In-fol., v. brun, avec portrait.

Édition originale, imprimé en 1653 au château du Lugny près d'Autun. Le titre ne porte ni date ni nom de ville.

Piqûre à la marge des derniers feuillets.

1129. Discours de ce qu'a faict en France le Heraut d'Angleterre, et de la response que luy a faict le Roy. *Paris, par Annet Briere*, 1557, in-8°, de 8 ff. broché.

Pièce curieuse relative à la guerre du Roi Henry II, contre les Anglais. — Cette pièce n'est pas mentionnée par M. Brunet.

De très belle conservation. Un joli fleuron et une lettrine ornée, gravés sur bois, figurent en tête du texte.

1130. PREMIER VOLUME contenant quarante tableaux ou histoires diverses, qui sont memorables touchant les guerres et troubles advenus en France (de 1559 à 1570), in-fol. obl., dem. maroq. La Vallière, avec coins.

Collection très-rare d'estampes historiques, sur cuivre et sur bois, gravées par Tortorel et Perrissin.

Cet exemplaire comprend 42 pièces, par suite de l'adjonction de quelques planches d'un tirage différent, avec des variantes. — Les planches sont toutes montées : malgré des raccommodages, elles sont de bonne conservation,

Nous en faisons suivre la description d'après Robert-Dumesnil, et le *Manuel* de M. Brunet.

1. Titre. Avis au lecteur.

2. La Mercuriale (*Manque*).

3. Le Tournoi où Henri II fut blessé (épreuve faible et sans texte).

4. La Mort de Henri V aux Tournelles. (bois).

5. Anne du Bourg brûlé à S. Jean en Greve. — Sur bois ; texte en allemand.

6. L'entreprise d'Amboise découverte. — Sur bois ; texte en allem.

7. Exécution d'Amboise (texte allem.) sur bois.

8. L'Assemblée des trois États, tenus à Orléans. — Cuivre.

9. Le Colloque tenu à Poissy. — Cuivre, avec les lettres de renvoi.

10. Le Massacre fait à Cahors. — Bois, texte en allem.

11. Le Massacre fait à Vassy. — Sur bois. *État non décrit*.

12. Le Massacre fait à Sens en Bourgogne. — Cuivre, ayant une différence dans l'inscription en tête, *avant qu'on print les armes*.

13. La prise de Valence en Dauphiné. Cuivre. — Différent pour l'inscription de celle donnée par Robert-Dumesnil.

14. Massacre fait à Tours (texte allem.) sur bois.

15. La prise de la ville de Montbrison. Cuivre. — *Très rare*.

16. La défaite de S. Gilles en Languedoc. — Cuivre.

17. L'ordonnance des deux armées de la bataille de Dreux. — Cuivre.

18. La première charge de la bataille de Dreux. — Bois, texte allemand.

19. La deuxième charge de la bataille de Dreux. — 1er *état, eau-forte pure, très rare*.

20. La troisième charge de la bataille de Dreux. — Bois, texte allemand. à gauche le monogr. de Gourmont. — *État non décrit*.

21. La quatrième charge de la même bataille. — Cuivre.

22. La retraite de la bataille de Dreux. — Cuivre.

23. Orléans assiégé. — Cuivre, avec texte allem. (*État non décrit*.)

24. Le Duc de Guise blessé à mort. Copie sur bois, avec texte allem. (*Non décrit*).

25. La paix faite en l'île aux bœufs près Orléans. — Cuivre.

26. Exécution de Jean Poltrot. Épreuve curieuse du premier état ; la planche ayant peu mordu.

26*bis*. La même estampe, état postérieur, retouché.

27. Le Massacre fait à Nimes. — Cuivre, épreuve faible.

28. La bataille de S. Denis. Sur bois, très belle épreuve.

29. La rencontre des deux armées à Cognac près Gannat. — Bois, texte en allem. — Très belle épreuve.

30. La Ville de Chartres assiégée. Cuivre, avec texte allem. — *Non décrit*.

31. L'ordonnance des deux armées entre Cognac et Chasteauneuf. — Cuivre, avec texte allem. — *Non décrit*.

31*bis*. La même estampe : cuivre, avec texte français.

32. La rencontre des deux armées entre Cognac et Chasteauneuf. — Bois, avec texte en allemand.

32*bis*. Le même estampe ; bois, avec texte français.

33 La rencontre des deux armées à la Roche en Limousin. — Cuivre, texte allem., avant l'accident à la planche.

34. Poitiers assiégé par MM. les Princes. — Cuivre, texte allem.

35. L'ordonnance des deux armées près de Montcontour. — Cuivre, *premier état*.

36. La déroute du camp de M. les Princes.

37. La surprise de la ville de Nimes en Languedoc. — Cuivre, *bel état*.

38. Saint-Jean d'Angely assiégé. — Bois, avec texte allem. — *Non décrit*.

39. L'entreprise de Bourges. — Cuivre, avec texte en allem. — *Non décrit*.

40. La rencontre des deux armées françaises... Cuivre, texte manque.

L'exempl. du Cabinet de M. Paelinck, vendu en 1860, n'avait que 29 pièces. C'est le dernier exempl. qu'on ait vu passer en vente publique en Belgique.

1131. RECUEIL D'ESTAMPES représentant les évènements en France, depuis la mort du Roi Henry II jusqu'au règne du Roi Henry IV (1559-1595); in-fol. oblong, relié en maroquin La Vallière, compartimens et ornements de milieu en or, dor. s. tr.

Beau et rare recueil du xvie siècle, composé de 32 pièces, gravées à l'eau-forte, d'après les originaux de Tortorel et de Perrissin.

Selon M. Brunet cette collection est plus rare en France, que les planches originales. Ces figures ont servi encore à l'illustration du *Leo Belgicus*, de M. Aitzinger, avec texte au verso et les souscriptions effacées.

Il existe plusieurs tirages de ces eaux-fortes, ils diffèrent entre eux par le nombre des figures et les changements dans le texte des frontispices : ainsi le premier état se compose de 23 planches seulement; le deuxième état en a 32, le troisième 34, c'est-a-dire que c'est dans la 3me édition qu'on trouve pour la première fois, les planches de la *St. Barthélemy* et du *siége de la Rochelle* (numérotées 33 et 34.)

L'exellent *Catalogue de planches historiques*, dressé par M. Fr. Muller, le savant Libraire hollandais bien conuu, donne de précieux détails sur ces estampes : il en résulte, que le fameux exemplaire en reliure ancienne d'une grande beauté, il est vrai, et aux armes de De Thou, vendu recemment en France, au prix fabuleux de fr. 15.000, n'était que du 3me état et n'avait pas le frontispice avec texte allemand, qu'il lui fallait pour le classer dans un état antérieur.

L'exemplaire que nous offrous ici aux amateurs, a l'avantage d'appartenir au *deuxième état* par conséquent composé de belles épreuves, avant les retouches, et toutes d'une conservation admirable, montées sur papier à la main. — Comme dans presque tous les exemplaires il lui manque le frontispice; cette planche est remplacée par un joli dessin à la plume de feu Simonneau — un cartouche du xvie siècle, portant une inscription au centre.

A la suite des 32 planches, formant la collection proprement dite, on a ajouté *vingt-cinq* autres estampes à l'eau-forte, gravées dans le même style; elles reproduisent les principaux évènements en France, jusqu'en 1595 : entre autres le *Siége de Rouen, l'assassinat par Pierre Chastel, l'exécution de ce régicide, le siége de Paris,* etc.

1132. Audin. Histoire de la Saint-Barthélemy. *Liége*, 1851, in-8°, br.

1133. Histoire des Albigeois et gestes de noble Simon de Montfort, descrite par F. Pierre des Vallées Sernay, rendue en françois par Arnaud Sorbin. *Paris, G. Chaudiere*, 1569. — Allegresse de la France pour l'heureuse victoire obtenue entre Coignac et Chasteauneuf, le 13 de Mars 1569 contre les rebelles Calvinistes, par Arnaud Sorbin. *Ibid., idem,* 1569, en 1 vol. in-8°, maroq. rouge à nerfs, tr. dor.

Très bel exemplaire de ce livre rare.

1134. Satyre Ménippée, de la vertu du Catholicon d'Espagne et de la tenue des États de Paris. *Ratisbonne, Math. Kerner (Bruxelles, Foppens)*, 3 vol. in-8°, figg., v. marbr.

1135. Commentaire de Messire Blaise de Montluc, mareschal de France, ou sont descrites les combats, rencontres, batailles etc. durànt cinquante cinq ans... *Lyon, pour Loys Clesinet,* 1593, 2 tom. en 1 vol. in-8°, vélin.

1136. Satyre Menippée, de la vertu du Catholicon d'Espagne et de la tenue des Etats de Paris. *Ratisbonne, Kerner,* 1726, 3 vol. in-8°, figg., veau br.

1137. De l'Amnestie ou oubliance des maux faits pendant les troubles; remonstrance faite en la ville d'Agen. *Paris,* 1584, p. in-8°, d. v.

1138. Advertissement fait au Roy, de la part du Roy de Navarre et de Monsieur le Prince de Condé, touchant la derniere declaration de la guerre, 1587. *Imprimé a la Rochelle par Jean Portost.* — La routte et deffaitte du Camp de M. de Malicorne, devant la ville de Poitiers. *Jouxte la coppie imprimee à Orleans, pour Poilevert, relieur,* 1590, en 1 vol. in-8°, d. v.

Pièces rares.

1139. Advertissement, des Catholiques Anglois aux François Catholiques, du danger où ils sont de perdre leur Religion, et d'experimenter, comme en Angleterre, la cruauté des Ministres, s'ils reçoivent à la Couronne un Roy qui soit Heretique. *S. l.*, 1587. *Approuvé par les Docteurs de Louvains (sic),* in-8°, dem. v.

1140. Advis à Messieurs des Estats sur la reformation et le retranchement des abus et criminelz de l'Estat. *S. l.*, 1588. —Remonstrance au Roy par les Estats de France. *S. l.*, 1588, en 1 vol. in-8°, d. v.

1141. La Foy et religion des politiques de ce temps. *Paris,* 1588. — Remonstrance au peuple françois sur la diversité des vices qui règnent en ce temps. En 1 vol. p. in-8°, d. v.

1142. Requeste presentee au Roy par les Cardinaux, Princes etc., associez pour la defence de la Religion Catholique. — Suitte de la requeste, et Response du Roy. *Paris,* 1588, 3 part. en 1 vol. p. in-8°, d. v.

1143. Apologie de maistre André Maillart conseiller du Roy et Maistre des Requestes ordinaires de sa Majesté. *Sans lieu,* 1588, in-8°, dem. rel.

Volume rare.

1144. Plaintes et doléances des Estats de France faites au Roy Charles VI par l'Université de Paris, avec les ordonnances sur ce faites. *Paris,* 1588, in-8°, d. v.

1145. Remonstrances très humbles au Roy de France Henry III, par un sien fidelle officier et subiect, sur les desordres et miseres de ce Royaume, causes d'icelle et moyens d'y pourvoir. *S. l.*, 1588, in-8°, en vélin blanc.

Attribué à Nic. Rolland. — Édition en gros caractères.

1146. Harangue du roy Henry III à l'ouverture de l'assemblee des Trois Estats a Bloys. *Paris*, 1588, p. in-8°, d. v.

A la fin les deux sonnets de Cl. Binet, et le privilége, sur deux feuillets non chiffrés.

1147. Responce aux principaux articles de l'Apologie du Belloy, pour la succession de Henry roy de Navarre à la couronne de France. *S. l.*, 1588, p. in-8°, dem. v.

1148. Discours sur l'estat de la France (par Michel Hurault, sieur du Fay). *Imprimé avec permission du Roy*, 1591, in-8°, dem. v.

Volume recherché : il renferme l'histoire des évènements en France, de 1588 à 1591.

1149. Regrets et lamentations par Mad. de Guyse sur le trespas de son espoux, 1589. — Remonstrance faite au Roy par Mad. de Nemours, 1589. — Articles accordez au nom du Roy (à la Ligue). — Certaines nouvelles de la victoire de Charles de Mansfelt, 1595. 4 pièces en 1 vol. in-12, br.

Toutes ces pièces sortent des presses de Rutger Velpius, imprimeur à Bruxelles.

1150. Le Francophile pour tres grand prince Henry IV... contre les conspirations du Roy d'Espagne, du Pape et des rebelles de France. *S. l., avec permission*, 1591, p. in-8°, d. v.

La dédicace signée A. M. est datée de Chartres.

1151. (Alex. de Pont-Aymery) Discours d'estat, où la necessité de faire la guerre en l'Espagne même sont richement exposez. *Paris*, 1595, p. in-8°, d. v.

1152. Histoire véritable des guerres, entre les deux maisons de France et d'Espagne (depuis François I jusqu'en 1598), avec la genealogie de la royalle maison de Bourbon. *Paris*, 1600, in-8°, dem. vélin.

1153. De Bussi Rabutin. Histoire amoureuse des Gaules. *Londres*, 1780, 6 vol. in-16 (Cazin), v. marbr.

1154. Histoire des derniers troubles de France, sous les regnes des roys Henri III, et Henry IIII. *Lyon*, 1594, in-8°, en vélin.

1155. Jean Bertaut. Discours funebre sur la mort du feu Roy. *Paris, Abel l'Angelier*, 1610. — Funebres cyprez... sur la mort du roy Henry IV, par D. Champflour. *Ibid.*, 1610. — Lettre d'un gentilhomme catholique sur l'examen du Card. du Perron. *à La Rochelle*, 1617, en 1 vol. p. in-8°, d. v.

1156. Memoires des sages et royalles oeconomies d'estat... de Henry le grand (par Max. duc de Sully). *Amstelredam, chez Aletinosgraphe de Cléaretimelee* (1638), 4 tom. en 2 vol. in-fol., veau fauve.

Édition originale aux trois V verts, imprimée au château de Sully; exemplaire *avec la Continuation*, ou *Suite des Memoires*, imprimée pour la première fois en 1662, chez *Aug. Courbé, à Paris*.

1157. Memoires des sages et royalles oeconomies d'Estat de Henry le Grand, par Maxim. de Bethune. *Amstelredam (au chateau de Sully)* in-fol., veau brun, aux armes.

Édition originale aux trois V verts. Les feuillets 1 et 2 de l'avis *des imprimeurs* manquent.

1158. Placcart sur l'avènement du Roi Louis XIII,

 A la gloire de Dieu il nous faict,
 Voir tous les iours choses nouvelles,
 Nous approuvant qu'il est tout parfait.
 En ses puissances eternelles. (etc.)

Cecy est imprimé à Paris, le dix-septiesme iour d'Aoust, mil six cens dix.. par.. Nicolas Barbotte..., in-folio, avec figg. sur bois.

Pièce curieuse et probablement inconnue jusqu'ici; elle est entièrement en vers de la composition du poëte de Monseigneur de Roquelaure.

1159. Remonstrance du pollitic aux trois estats. *S. l.*, 1614. — Discours d'un genti-homme françois à la Noblesse de France sur l'ouverture des Estats-generaux de 1614. En 1 vol. p. in-8°, d. v.

1160. Le tombeau de Monseigneur le Duc de Mayenne, ou le Temple de la Magnanimité, par le sieur Bardin. *S. l. n. d.* (en vers.) — Les larmes de la Cour sur le trespas du cardinal de Guise. *Paris*, 1621. — Declaration du Roy en faveur de ses subiects de la Religion reformée. *Ibid.*, 1621. — La harangue faite au Roy par les habitans de Clerac. *Ibid.*, 1621, en 1 vol. p. in-8°, d. v.

1161. Advis sur les causes des mouvemens de l'Europe.. fait par Messire Alerimand d'Infridembourg. *Paris*, 1621. — Declaration du Roy, sur la Regence de la Reyne. *Ibid.*, 1643. — Declaration du Roy, publiée en Parlement. *Ibid.*, 1634, en 1 vol. in-8°, d. v.

1162. Méditations de l'hermite Valérian, traduites de bon normand en vieux gaulois par un Pelerin du Mont S. Michel... *S. l.*, 1621, p. in-8°, d. v.

1163. Remonstrance faite au Roy par MM. les Princes contre les perturbateurs du repos de l'Estat. *S. l.*, 1621. — Harangüe superlative de Maistre Josse de Fuye, cordonnier et reformateur evangelique. *Paris*, 1622. — Les Supplications du docteur Françoys suivant lestat des choses en France, en l'annee 1623. *Paris*, 1623, en 1 vol. p. in-8°, d. v.

1164. Manifeste anglois adressé aux Reformez de France sur les troubles et divisions de ce temps. *S. l.*, 1621, p. in-8°, d. v.

1165. Les justes raisons qui on meu Monsieur frere du Roy a se retirer hors du Royaume, avec la responce du Roy. *Nancy, chez Pierre du Bois*, 1632, p. in-8°, d. v.

1166. Memoires de Messire Jaques de Saulx, comte de Tavannes, lieutenant-general des Armées du Roy; où l'on rapporte les causes... et mouvemens des factions des Princes, durant les derniers troubles jusqu'en l'année 1653. (à la Sphère) *à Cologne, (Hollande) chez Pierre Marteau*, 1691, in-12, portr., BROCHÉ, NON ROGNÉ.

Annexe à la Collection des Elzevier. — L'exempl. a une légère mouillure.

1167. Mémoires du Duc de Saint-Simon, ou l'observateur véridique sur le règne de Louis XIV. *Londres*, 1788, 7 vol. in 8°, veau racine.

Première édition.

1168. Mémoires pour servir à l'histoire du Congrès de Cambray. *S. l.*, 1723, in-4°, en maroq. rouge, à fil. tr. dor., aux armes.

1169. Details historiques et veritables des crimes atroces commis par A. F. Desrues, ci-devant marchand-épicier (à Paris). *De l'imprimerie de Cailleau*, 1777, in-4°, cart.

1170. Les souvenirs de Madame de Caylus, sur les intrigues amoureuses de la cour avec des notes de M. de Voltaire. *Au chateau Fernei*, 1770, 1 vol. in-8°, br. non rogné.

Édition non citée par Barbier et Quérard qui donnent pour la première : *Amsterdam (Genève) Jean Robert* 1770. C'est probablement celle-ci qui doit être considérée comme édition *princeps*.

1171. Histoire de la Révolution française, par L. Blanc. *Paris*, 1847-62, 12 vol. in-8°, brochés.

Exempl. comme neuf.

1172. Moniteur français. — Réimpression de l'ancien Moniteur. Convention Nationale (21 sept. 1792 au 26 oct. 1795), avec une introduction par Gallois. *Paris*, 1843, 13 vol. gr. in-8°, br.

1173. Liste générale et très-exacte de tous ceux qui ont été condamnés à mort par le Tribunal Revolutionaire. *Paris, an III*, in-8°, cart.

Collection complète de 11 numéros, avec le supplément.

1174. L'abbé Barruel. Mémoires pour servir à l'histoire du Jacobinisme. *Paris*, 1837, 4 vol. in-8°, br.

1175. Recueil des discours sur la question de la réunion de la Belgique à la France. *Paris*, 1797, in-8°, v. br.

1176. Mémoires et correspondance de Mad. d'Epinay et ses liaisons avec les personnages célèbres du xviii siècle. *Paris*, 1818, 3 vol. in-8°, br.

1177. Histoire de l'empereur Napoléon, par P. Laurent de l'Ardèche, illustrée par H. Vernet. *Paris, Dubochet*, 1839, in-8°, dem. maroq. vert, tr. dor.

1178. Mémoires du Maréchal Suchet, sur ses campagnes en Espagne, de 1808 à 1814. *Paris*, 1834, 2 vol. in-8°, et atlas, dem. veau.

1179. Las Cases. Mémorial de Sainte-Hélène (pendant 18 mois). *Paris*, 1823. 3 vol. in-8°, dem. rel.

1180. Mémoires pour servir à l'histoire de France en 1815, avec le plan de la bataille de Mont-Saint-Jean. *Paris*, 1820, in-8°, carte, dem. rel.

1181. Macédoine révolutionnaire pour servir à l'histoire de nos jours, par J. V. *Paris*, 1815, in-8°, br.

1182. W. Turner. Les rivières de France (avec 60 gravures). *London*, 1837, in-8°, figg. sur acier, dem. maroq. tr. dor.

Texte en anglais et en français.

1183. Paris et ses environs, en vues pittoresques, sous la direction de A. Pugin, gravées par C. Heath. *Londres*, 1829, 2 vol. gr. in-4°, nombr. figg., dem. maroq. violet et coins, tête dor., n. r. (*Niedrée*).

Épreuves sur chine des figures. — Texte en anglais et en français.

1184. The American in Paris, by Jules Janin, with 18 engravings by E. Lami. *London*, 1843, in-8°, toile dor.

1185. J. A. Dulaure. Histoire politique, civile et morale de Paris. *Paris, Guillaume.* 1829, 10 vol. in-8°, figg., br.

1186. Les fastes de Versailles, depuis son origine, par H. Fortoul. *Paris,* 1844, gr. in-8°, figg. sur acier, dem. maroq. bleu.

1187. (G. VALDORY) Discours du siége de la ville de Rouen, au mois de novembre 1591. *Rouen, chez Richard l'Allemant* (1592), in-8°, en vélin.

Ex. bien conservé. — Un exempl. de ce livre rare a été payé fr. 260 à la Vente d'Auffay.

1188. L'histoire de Bretaigne des Roys, Ducs, Comtes et Princes d'icelle, continuée jusques au temps de Mad. Anna dernière duchesse par Bertr. d'Argentré. *Paris, Du Puys,* 1588, in-fol., veau fauve à fil.

1189. Aug. du Paz. Histoire généalogique de plusieurs maisons illustres de Bretagne, enrichie des armes et blasons d'icelles. *Paris,* 1619, in-fol., veau brun.

Ouvrage rare.

1190. Histoire de la province d'Alsace, depuis Jules César, par le P. Louis Laguille. *Strasbourg,* 1727, 3 part. en 2 vol. in-fol., figg. veau porph.

1191. Chronique bourdeloise, composée cy-devant en latin par Gabr. de Lurbe et par luy de nouveau augmentée avec deux siens discours, l'un de la conversion du Roi et l'autre des antiquitez n'aguieres trouvées hors ladicte ville. *à Bourdeaus, par S. Millanges,* 1594-95, in-4°, figg. sur bois, en veau.

Bel exemplaire. sauf une légère piqûre à la marge blanche d'en bas.

1192. Menard. Histoire des antiquités de la ville de Nismes. *Nismes,* 1826, in-8°, figg., br.

1193. LES PYRÉNÉES dessinées d'après nature et lithographiées par Eug. Ciceri. *Luchon, s. d.,* in-fol. oblong, avec 59 belles et grandes vues, carte et texte; dem. maroq. rouge, plats en toile, tr. dor.

Exemplaire comme neuf. — Publié au prix de 100 francs.

Histoire de divers pays.

1194. Winkles's architectural and pittoresque Illustrations of the Cathedral churches of England and Wales, with drawings by Rob. Garland. *London, s. d.,* 3 vol. gr. in-8°, nombr. figg. et plans, toile angl. n. r.

1195. JONES VIEWS of the seats, mansions, castles of noblemen and gentlemen in England. *London, s. d.*, 6 vol. in-4°, nombr. planches gravées, dem. maroq. La Vallière, tête dor., n. rogn. (*Niedrée*).
Bel exemplaire.

1196. Martyre de la Royne d'Escosse (Marie Stuart); contenant le vray discours des trahisons à elle faictes à la suscitation d'Elizabet angloise... Avec son oraison funebre. *Edimbourg, chez Jean Nafeild*, 1588, in-12, relié.
Piqûres de vers. — *L'Oraison funèbre* semble imparfaite de la fin.

1197. Romoald Scott. Summarium rationum quibus Puckeringius Elizabethæ angliae reginae persuaserunt occidendam esse princip. Mariam Stuartam... addit. est supplicium et mors Reginae Scotiae... *Ingolstadii*, 1588, p. in-8°, d. v.
Volume rare.

1198. The great civil war of Charles I and the Parliament, by Rich. Cattermole. *London*, 1841, 2 vol. in-8°, figg. sur acier, toile, tr. dor.

1199. F C. Spiess. Dissertatio de conspiratione sulphurea. *Lipsiae*, 1709, in-4°, br.

1200. A true Account and declaration of the horrid Conspiracy against the late King and the Government. (*London*) *In the Savoy, printed by Thomas Newcomb*, 1685, in-fol. d. rel.
Relation officielle du *complot de Rye-house*, contre Charles II.

1201. London and its environs in the XIXth century, from drawings by Th. H. Shepherd, with descriptions by J. Elmes. *London*, 1829, 2 vol. gr. in-4°, nombr. figg., dem. maroq. bleu et coins, tête dor. n. r. (*Niedrée*).
Bel exemplaire.

1202. London interiors, with their costumes and ceremonies. *London*, 1841, 2 part. en 1 vol. gr. in-4°, nombr. figg., dem. maroq. rouge, tête dor., n. r.

1203. Holmes's great Metropolis or views and history of London in the XIXth century. *London*, in-8°, toile dor., figg. sur acier.

1204. Lancashire illustrated from drawings by Austin, Harwood, etc. *London*, 1832, gr. in-4°, figg. sur acier, dem. maroq. vert, tr. dor.

1205. Devonshire illustrated; views of towns, cities, etc., by Allom and Bartlett. *London*, 1832, gr. in-4°, figg. sur acier, toile, tr. dor.

1206. Westmorland, Cumberland, Durham and Northumberland illustrated by Thomas Allom, with descr. by T. Rose. *London, Fisher*, 3 vol. in-4°, dem. maroq. rouge et coins, tête dor., n. r. nombr. figg. (*Niedrée.*)

1207. Sketches in North Wales, drawn and engraved by J. W. Harding. *London*, 1810, in-fol., avec 5 pl. color., toile.

1208. Cornwall illustrated, in views of castles and cities, by Th. Allom. *London*, 1831. in-4°, figg. sur acier, toile tr. dor.

1209. Scenery and antiquities of Ireland illustrated by W. H. Bartlett and J. Stirling Coyne. *London, s. d.*, 2 vol. in-4°, nombr. figg., tr. dor.

1210. Ireland illustrated, from drawings by Petrie, Baynes with descr. by G. N. Wright. *London*, 1833, in-4°, figg. sur acier, toile, tr. dor.

1211. Paysages historiques, des Romans de Walter Scott, d'après les dessins de M. Turner. *Londres Fisher*, 2 vol. in-4°, nombr. figg. sur acier, toile angl. tr. dor.

1212. Suecia antiqua et hodierna. *Holmiae*, (1693-1714) 3 tom. en 1 vol. in-fol. obl., dem. rel., tr. dor.

Ouvrage renfermant environ 350 gravures sur cuivre de vues de Chateaux et dédifices remarquables de la Suède. — Ces planches sont gravées par Perelle, v. d. Avecle, Marot, etc. — Bel exemplaire.

1213. Atlas de la Monarchie prussienne. *Londres*, 1788, in-fol., figg., v. rac.

1214. J. G. Eccard. De origine germanorum, libri duo. *Goettingae*, 1750, in-4°, vélin.

1215. La Germanie traduite de Tacite par Panckoucke, avec un nouveau commentaire. *Paris*, 1824, in-8°, et atlas in-4°, br.

1216. A. F. Ozanam. Les Germains avant le christianisme. — La civilisation chrétienne chez les Franks. *Liége*, 1850, 2 vol. in-8°, dem. rel.

1217. Histoire ecclesiastique d'Allemagne contenant l'érection des archevechez, etc. *Brusselle*, 1722, 2 vol. p. in-8°, v. marbr. avec figg.

1218. Herm. Conringii de finibus imperii germani. — De germanorum imperio romano. *Lugd., s. d.*, — Dissertatio de Electorum origine et potestate per J. G. Kiefer. *Argent.*, 1671, en 1 vol. in-8°, vélin.

1219. Histoire générale d'Allemagne par le P. Barré. *Paris*, 1748, 10 tom. en 11 vol. in-4°, veau br.

1220. Les Actes de la iournee imperiale, tenue en la cité de Reguespourg, aultrement dicte Ratisponne, l'an 1541, sur les differens qui sont auiourdhuy en la Religion. (*Sans lieu*) 1542, in-12, dem. rel.

Volume curieux intéressant pour l'histoire de la Réforme.

1221. Declaration de tres illustre Prince Jean Casimir, Comte Palatin... En laquelle sont exposees les causes, pour lesquelles il a esté contraint... prendre les armes et entrer en la guerre de Cologne, pour la deffense de... Monseigneur Gebhard, Archevesque de Cologne. Item pour defendre et maintenir la querelle de la vraye Religion Chrestienne, comme elle est contenue en la Confession d'Auspourg.... (*Sans lieu*) *Par Jean des Boys*, 1584, in-4°, vélin.

Bel exemplaire de ce livre rare.

1222. Souvenirs de Berlin, par la Baronne Willmar. *Bruxelles*, 1860, in-8°, broché.

Édition privée.

1223. Antiquitates et Annales Trevirensium, auctor. PP. Chr. Browero et Jac. Masenio. *Leodii, Hovius*, 1670, 2 vol. in-fol., figg., veau br.

1224. Vallée de l'Ahr, Prusse Rhénane ; dessinée et lithogr. par N. Ponsart de Malmédy. In-4°, obl., titre et 26 pl. sur chine, dem. rel.

1225. G. Bärsch. Eiflia illustrata oder geographische und historische Beschreibung der Eifel, von J. Fr. Schannat. *Köln*, 1824-25, 1 tom. en 2 vol., in-8°, nombr. figg., dem. veau.

1226. J. Heydinger. Die Eiffel. Geschichte, Sage und Volksleben. *Coblentz*, 1853, p. in-8°, br.

1227. Malte-Brun. Tableau de la Pologne ancienne et moderne. *Paris*, 1807, in-8°, dem. v.

1228. Victoria Seren. Poloniae Regis contra Vayevodem Muldaviae, Turcae tributarium et subditum, 22 Aug. anno 1531 (per Joan. Dantiscum). *Basileae, in officina Frobeniana*, 1531, in-4°, de 4 ff. relié.

Pièce rare.

1229. Les estranges ruines des églises dans Boesme. *Paris*, 1620. — La ligue des princes catholiques contre les protestans d'Allemagne. *Ibid.*, 1620, in-12, br.

Dans le même volume : *Waerachtich Verhael van de innemeng van Caleys.* Brussel, 1596. — *Ordonnantie op de fransche ende andere Winen.* Ghendt, v. d. Steene, 1563.

1230. Topographia Austriae superioris. Recueil de 222 planches sur cuivre, représentant les villes et les chateaux de la Haute-Autriche, gravées par Visscher. (*Amsterd.*, *XVIIe siècle*) in-4°, oblong, cart.

Exemplaire en papier fort.

1231. Description du Danube, depuis la montagne de Kalenberg en Autriche, jusqu'en Bulgarie par le Comte de Marsigli. *La Haye*, 1744, 6 tom. en 3 vol. gr. in-folio, avec beaucoup de figg., en veau rac.

1232. The Danube, its history, scenery and topography, illustrated by W. H. Bartlett, edited by W. Beattie. *London*, 1844, in-4°, figg. sur acier, toile angl., tr. dor.

1233. Histoire generale des Turcs, contenant l'histoire de Chalcondyle, trad. par Bl. de Vigenaire, continuée par de Mezeray, avec les figures par Nicolai. *Paris*, 1662, 2 vol. in-fol., figg. v. br.

1234. D'OHSON. TABLEAU GÉNÉRAL de l'empire Ottoman. *Paris*, *impr. de Monsieur*, 1787-1820, 3 vol. gr. in-fol., nombr. pl., dem. maroq. bleu, non rognés.

Bel exemplaire, parfaitement complet.

1235. Den Oorspronck ende afcoempste van den naem, ende macht van den grooten Turck. Ende van hun wonderlycke oorloghen die sy met malcanderen zyn hebbende. *Gheprint Tantwerpen by Jan Mollyns*, 1564, in-12, goth., vélin.

1236. Mœurs et usages des Turcs : leur religion et gouvernement par M. Guer. *Paris*, 1747, 2 vol. in-4°, avec figg. sur cuivre, v. br.

1237. Der Turckē manieren eñ Ceremonien, by Berthelmeeus Georgievits ghemaeckt... met sommighen Turckschen woorden, Groeten, enz. — *Ghedruct Tantwerpen vóor Greg. de Bonte, duer Gielis van Diest*, 1544, in-12, goth., en vélin.

1238. Copye des grooten Turcschen Keysers ontsegbrief. *Ghedruckt tot Bruessele by Jan van Brecht* (1582). — Een nyeuwe tydinghe van den Rycxdach te Francfoort. *Ghep rent tot Leyden by Jan Mathyszoon*, (1562), en 1 vol. in-12, broché.

1239. Constantinople and the scenery of the seven Churches of Asia minor, illustrated by Th. Allom, with descriptions by Rob. Walsh. *London*, *Fisher*, 2 vol. in-4°, nombr. figg., maroq. vert, dor. s. tr.

1240. The shores and islands of the Mediterranean, drawn from nature by Grenville Temple, with descriptions by G. N. Wright. *London, Fisher*, 2 vol. in-4°, nombr. figg. sur acier, toile dor., dor. s. tr.

1241. Epitome des histoires des roys d'Espaigne et Castille, des roys d'Arragon, des maisons d'Absbourg et Autriche, par Gilles Corrozet. *Paris, chez Guillaume Cavellat*, 1553, in-8°, v. br.

Legère tache d'eau.

1242. Le Chev. Marchal. Histoire politique du règne de l'empereur Charles-Quint. *Brux.*, 1856, gr. in-8°, fig., dem. veau.

1243. W. Robertson. Histoire de l'empereur Charles-Quint, trad. par Suard. *Brux.*, 1842, 4 vol. in-8°, portr., br.

1244. Commentaires de Charles-Quint, publiés par M. Kervyn de Lettenhove. *Brux.*, 1862, in-8°, br.

1245. De Hita. Histoire chevaleresque des Maures de Grénade, traduite par M. Sané. *Paris*, 1809, 2 vol. in-8°, br.

1246. L. M du Roure. Histoire de Théodoric le grand, Roi d'Italie. *Paris, Techener*, 1846, 2 vol. in-8°, br.

1247. Carl Hegel. Geschichte der Städteverfassung von Italien, bis zum XII^{en} Jahrhunderts. *Leipzig*, 1847, 2 vol. in-8°, brochés.

1248. Muratori. Annali d'Italia, dal principio dell' era volgare sino all' anno 1749. *Milano*, 1753-56, 18 vol. in-8°, veau marbr.

Annali, 16 vol. — Indice, 1 vol. — Prefazioni, 1 vol.

1249. Histoire des Italiens par M. César Cantu, traduite par A. Lacombe. *Paris, Didot*, 1859-62, 12 vol. in-8°, brochés.

Exemplaire comme neuf.

1250. Vues des Ruines de Pompéi, par Gell et Gandy. *Paris, Didot*, 1827, gr. in-4°, dem. maroq. rouge et coins, tête dor., n. r.

Avec 107 planches de vues et 18 planches de peintures murales dont plusieurs sont imprimées en couleurs.

1251. Rome et ses monuments, guide du voyageur catholique, par le Chan. de Bleser. *Louvain*, 1870, in-8°, figg., toile.

1252. Les Galeries publiques de l'Europe, par Armengaud. Rome. *Paris*, 1859, in-fol., nombr. figg. sur bois, dem. maroq. rouge, plats en toile, tr. dor.

1253. Rome and its surrounding scenery, by W. B. Cooke, with sketches by Noel Humphreys. *London*, 1845, in-4°, toile, tr. dor., nombr. figg.

1254. J. P. Bellori. Veteres arcus Augustorum triumphis insignes, cum imaginibus triumphalibus restituti... *Romae*, 1690, gr. in-fol., belles pl. sur cuivre, vélin cordé de Hollande.
Bel exemplaire.

1255. Aedificiorum et ruinarum Romae ex antiquis atque hodiernis monimentis, delineatus à J. Maggio. *Romae, Rubeis*, 1618, 2 vol. in-4°, avec 78 pl. gr., dem. vélin.

1256. Les Restes de l'ancienne Rome, mesurez et dessinez sur les lieux, par Bonav. d'Overbeke. *La Haye*, 1763, 3 vol. in-fol. max., veau rac. à fil., tr. dor.
Avec 146 gr. planches sur cuivre.

1257. Théâtre du Piémont. — Tooneel der heerschappyen van Z. H. den hertog van Savoye. *s'Gravenhage*, 1697, 2 vol. in-fol., vélin dor., dor. s. tr.
Avec de nombreuses et belles figures des édifices remarquables et vues pittoresques de l'ancienne principauté du Piémont et de la Savoye.

1258. Theatre des Etats de S. A. R. le duc de Savoye, contenant la Savoye et le Piemont. *La Haye, Moeljens*, 1700, 2 vol. in-fol., avec très grandes figg. sur cuivre; veau à comp., tr. dor.

1259. Les Vallées vaudoises pittoresques ou Vallées protestantes du Piémont, du Dauphiné et du Ban de la Roche, par W. Beattie. *Londres, Virtue*, 1838, gr. in-4°, nombr. figg., maroq. bleu, tr. dor.

1260. Vues de villes et scènes d'Italie, de France et de Suisse, figures par Prout et Harding, texte par A. Sosson. *Londres, Fisher*, 3 vol. in-4°, toile dor., dor. s. tr., nombr. figg.
Texte en français et en anglais.

1261. Jac. Tollii Insignia itinerarii Italici quibus contin. antiquitates sacrae. *Traj. ad Rhen.*, 1696, in-4°, dem. rel.

1262. La Suisse pittoresque, ornée de vues dessinées par W. H. Bartlett, avec texte par W. Beattie. *Londres*, 1836, 2 vol. in-4°, dem. veau viol., nombr. figg. sur acier.

1263. La Suisse illustrée, description et histoire de ses vingt-deux cantons. *Paris, Didier*, 1851, 2 vol. gr. in-4°, en toile, tr. d. Avec nombr. figg. de vues sur acier, et pl. de costumes coloriées.

1264. La Syrie, la Terre-Sainte, l'Asie mineure, illustrées par Bartlett, avec les explications des gravures par J. Carne. *Londres, Fisher*, 1836, 3 vol. in-4°, nombr. figg. sur acier, toile dor., dor. s. tr.

1265. The Oriental Annual, or scenes in India, from drawings by W. Daniell. *London*, 1834 40, 7 vol. in-8°, figg. sur acier, maroq. olive, tr. dor.

1266. J. Klaproth. Tableaux historiques de l'Asie, depuis la monarchie de Cyrus jusqu'à nos jours. *Paris*, 1826, in-4°, br. et atlas in-folio.

1267. Views in India, chiefly among the Himalaya mountains, by G. F. White. *London*, 1838, gr. in-4°, avec 28 pl. sur acier; maroq. brun, tr. dor.

1268. Le P. de Moyria Maillac. Histoire générale de la Chine, traduite du tong-kien-kangmou, publiée par l'abbé Grosier. *Paris*, 1777-83, 12 vol. gr. in-4°, figg., brochés.

1269. Histoire naturelle et civile de l'empire du Japon, par E. Kaempfer. *La Haye*, 1729, 2 vol. in-fol., figg., v. rac.

1270. Les Indes orientales et occidentales et autres lieux, représentées en tres belles figures... gravées par Romein de Hooge. *Leide, Van der Aa, s. d.*, avec 46 pl. sur cuivre, veau brun.

1271. Novus orbis, sive desciptio Indiae occidentalis, auct. Ant. de Herrera. *Amstelod., Mich. Colyn*, 1622, in-fol. figg. sur cuivre, et 17 cartes, dem. vél.

Ce recueil renferme entre autres, les relations de voyage de *Jacques Lemaire*, de *Pierre de Cevalos*, les Voyages par le détroit de Magellan, et la *Description de l'Amérique*.

1272.—❡ Nieuw. blyde tydinghe van Indien ende dnieuw landt hoedat de Coninck ende Coninghinne van Tanor theylich gheloove aenghenomen hebben. Item meer ander nieuwicheden. — *Gheprint Thantwerpen by Hans de Laet*, 1551, in-12, goth., vélin.

Pièce très rare.

1273. Commentarios reales, que tratan del origen de los Yncas, reyes que fueron del Peru... por Garcilasso de la Vega. *Lisboa, Crasbeeck*, 1609, in-fol. en vélin.

Édition originale.

1274. Illustrations of the manners, customs and condition of the North American Indians, with 360 engravings; by G. Catlin. *London, Bohn*, 1845, 2 vol. gr. in-8°, figg., toile, non rogn.

1275. L'Amérique pittoresque ou vues des terres, des lacs et des fleuves des Etats-Unis, par Bartlett, texte par N. P. Willis. *Londres, Virtue*, 1840, 2 vol. in-4°, nombr. figg., toile dor., tr. dor.

1276. L'Amérique pittoresque, par N. P. Willis, avec figg., de Bartlett, *Londres, s. d.*, in-4°, figg., toile dor., tr. dor.

1377. Canada pittoresque, orné de gravures par Bartlett, texte par Willis. *Londres*, 1843, 2 vol. in-4°, nombr. figg., dem. maroq. vert, tête dor., n. r.

ARCHÉOLOGIE.

1278. Revue d'histoire et d'archéologie. *Bruxelles*, 1859-64, 4 vol. gr. in-8°, cart., non rognés.

1279. Annales de l'Académie d'archéologie de Belgique. *Anvers*, 1843-71, tom. I à XXVII (livr. 1-2) in 8°, figg. cart. non rognés.

Les 4 premiers volumes en demi-reliure non rognés. — Le 4me cah. de 1870 manque.

1280. Messager des sciences et des arts. *Gand*, 1823-1830, 6 vol. in-8°, figg., brochés.

Première série, devenu rare. — Le titre et la table manquent au tome II.

1281. Messager des sciences et des arts de la Belgique, par MM. de Reiffenberg, Serrure, Voisin, etc. *Gand, années* 1835, 1839 à 1871, 34 vol. in-8°, brochés et Table, avec figures.

Les sept premiers volumes sont reliés et marbr. sur tranches.

1282. Boinvilliers. Dictionnaire des antiquités grecques et romaines de Furgault. *Paris*, 1824, in-8°, cart.

1283. Anth. Rich. Dictionnaire des antiquités romaines et grecques, traduit par M. Chéruel. *Paris*, 1861, in-8°, nombr. figg., dem. rel. parchemin avec coins, tr. rouges.

1284. Anthony Rich. Dictionnaire des antiquités romaines et grecques, trad. par Chéruel. *Paris, Didot*, 1861, in-8°, figg. sur bois, broché.

1285. M. J. de Bast. Recueil d'antiquités romaines et gauloises trouvées dans la Flandre. *Gand*, 1804, in-8°, dem. veau.

1286. J. de Bast. Recueil d'antiquités romaines et gauloises
trouvées dans la Flandre. *Gand*, 1808, avec figg. — Premier
supplément, *ibid*, 1809, ens. 2 vol. in-4°, reliés.

1287. Histoire de l'art monumental dans l'antiquité et au
moyen âge, suivie d'un traité de la peinture sur verre, par
L. Batissier. *Paris*, 1845, gr. in-8°, figg., dem. rel. n. r.

1288. J. P. Bellori. Veteres Arcus augustorum triumphis
insignes ex reliquiis quae Romae adhuc supersunt, Jac. de
Rubeis typis vulgati. *Romae*, 1690, gr. in-fol., nombr. figg.,
en vélin.

1289. A. F. Rio. De l'art chrétien. *Paris*, 1861, 2 vol. in-8°,
brochés.

1290. M. de Caumont. Abécédaire ou rudiment d'archéologie (architecture religieuse). *Caen*, 1859, in-8°, figg., br.

1291. J. Oudin. Archéologie chrétienne, religieuse et civile.
Bruxelles, 1847, gr. in-12, avec atlas, br.

1292. L'abbé J. J. Bourassé. Les plus belles églises du
monde. *Tours*, 1861, in-8°, avec figg., dem. maroq. rouge,
plats en toile, tr. dor.

1293. L'abbé Martigny. Dictionnaire des antiquités chré-
tiennes. *Paris*, *Hachette*, 1865, in-8°, figg. sur bois, br.

1294. Archéologie chrétienne ou précis de l'hist des monuments religieux au moyen âge par l'abbé Bourassé. *Tours*,
1867, in-8°, figg. br.

1295. Du Symbolisme dans les églises du moyen-âge, avec
des notes par l'abbé Bourassé, *Tours*, 1847, in-8°. figg.,
broché.

1296. Du Vandalisme et du Catholicisme dans l'art, par le
Cte de Montalembert. *Paris*, 1839, in-8°, br.

1297. Anciennes et nouvelles peintures murales de l'église
de N. D. au Sablon, par l'abbé de Bruyn. *Gand*, 1868, in-4°,
fig., br.

1298. A. Reichensperger. L'art gothique au xixe siècle.
Bruxelles, 1867, gr. in-12, br.

1299. Inventaire des objets d'art et d'antiquité des églises
de Bruges. *Bruges*, 1848, gr. in-8°, fig., dem. rel., n. r.

1300. Recueil d'objets d'arts et de curiosites dessinés d'après nature par De Jolimont et Cagniet. *Paris,* 1837, in-fol., 30 planches gravées, dem. rel.

1301. LES COLLECTIONS CÉLÈBRES d'œuvres d'art, dessinées et gravées d'après les originaux par Edouard Lièvre. *Paris, Goupil et Cie*, 1866, 2 vol. in-fol., avec 100 pl. gravées à l'eau-forte, en portefeuille.

Exemplaire comme neuf.

1302. G. Fincke. Abbildung von alten Waffen und Rüstungen welche in der Sammlung von Llewelyn Meyrick aufgestellt sind. *Berlin*, 1836, gr. in-4°, avec 150 pl. d'armures, dem. toile.

1303. Fr. Bock. Der Kronleuchter Kaisers Friedrich Barbarossa im Karolingischen Münster zu Aachen. *Aachen*, 1863, gr. in-4°, avec 16 planches (nielles du XIIe siècle), figg. au texte, broché.

1304. Pierres antiques gravées, sur lesquelles les graveurs ont mis leurs noms; dessinées et gravées par B. Picart, expliquées par Ph. de Stosch. *Amsterdam*, 1724, in-fol., avec 70 planches. sur cuivre; maroq. rouge à large dent., dor. s. tr.

Exemplaire en ancienne reliure, de la plus belle conservation.

1305. Soixante planches de pierres gravées antiques, qui se trouvent dans des cabinets d'Angleterre gravées par J. Worlidge. Petit-in-4°, veau brun.

Numismatique.

1306. Introduction à la science des médailles, pour servir à la connoissance des dieux et ce qui appartient à l'histoire ancienne, par Dom Th. Mangeart. *Paris*, 1763, in-folio, avec 35 pl. de médailles, veau rac. à fil.

Supplément à l'*Antiquité expliquée* par Dom Montfaucon.

1307. Th. Mommsen. Geschichte des römischen Munzwezens. *Berlin*, 1860, fort vol. in-8°, br.

1308. Ezéch. Spanheim. Dissertationes de praestantia et usu numismatum antiquorum. *Amstelaed.*, 1717, 2 vol. gr. in-fol., figg. de monnaies, vélin cordé de Hollande.

Exempl. en *grand papier*; cette sorte d'exemplaires se rencontre rarement.

1309. Ad. Occo. Imperatorum romanorum numismata, a Pompeio magno ad Heraclium, illustr. a Fr. Mediobarbo Birago, curante Ph. Argelato. *Mediolani,* 1730, in-fol. figg., v. br.

1310. Ans. Banduri. Numismata imperatorum romanorum. *Lutet. Paris.,* 1718, 2 vol. in-folio, figg., veau rac.

1311. Guill. Budaei libri V de Asse et partibus ejus. *Venet., Aldus,* 1522, p. in-4°, cart.

Très bel exemplaire de cette édition rare.

1312. M. Le Blanc. Traité historique des monnoyes de France (avec la Dissertation). *Amsterdam,* 1692, in-4°, figg. de monn., v. br.

1313. Médailles sur les principaux evenements du regne entier de Louis le Grand, avec des explications (par Charpentier, Racine, Boileau, etc). *Paris,* 1723, gr. in-fol., nombr. figg., veau rac. à dent., tr. dor.

Bel exemplaire avec la *Préface* en édition originale et celle de la réimpression.

1314. — — Le même ouvrage. *Ibid.,* 1723, gr. in-fol., veau marbré à fil., tr. dor., *aux armes de France.*

Exemplaire sans la préface.

1315. Tobiesen Duby. Recueil général des pièces obsidionales et de necessité. *Paris,* 1786, gr. in-4°, avec 31 pl. gravées, basane.

1316. G. van Loon. Histoire métallique des XVII provinces des Pays-Bas, depuis l'abdication de Charles-Quint (trad. par Van Effen, et autres). *La Haye,* 1732, 5 vol. in-fol., portrait et figg. de monnaies, veau porphyre.

Bel exemplaire en *grand papier.*

1317. Ordonnantie provisionnael des Conincx opt stuck vande gouden ende silveren Munte.... *T'Antwerpen, by Chr. Plantin,* 1575, in-8°, figg. de monnaies sur bois, en vélin.

Bel exemplaire.

1318. Donghevalueerde gouden ende Silveren Munte van diveersche Coninckrycken, Landen ende Steden, soo oude als nieuwe... *T'Antwerpen, by Christoffel Plantijn,* 1575, in-8°, goth., très grand nombre de figg. de monnaies sur bois, en vélin.

Bel exemplaire.

1319. Edicts et publications des monnoyes forgees et lesquelles ont eu cours par les pays et principaulté de Liége, de 1477 à 1623. *Liége, Chr. Ouwercx* (1623), in-4°, en vélin.

1320. Beeldenaer ofte Figuer-boeck, waerin de figueren van goude ende zilvere Munte. *S'Gravenhage*, 1610, in-4°, figg. sur bois, dem. vélin.

Dans le même volume, 3 autres ordonnances sur les Monnaies, avec figures (de 1624 et 1626).

1321. Ch. Piot. Catalogue du dépôt des coins, poinçons et matrices appartenant à l'Etat. *Brux.*, 1861, in-8°, br.

Histoire des Ordres de Chevalerie. — Héraldique. —

Généalogie des familles. — Monuments

funéraires — Inscriptions.

1322. La Toison d'or ou recueil des statuts et ordonnances de ce noble ordre. *Cologne*, 1689, p. in-8°, v. br.

1323. Privileges de l'ordre de la Toison d'or (avec deux Supplém.). *S. l. n. d.* (*Bruxellles*, 1629-31). — Les Mysteres de la Toison d'or, par le P. Amounet de Hailly (en latin et en français). *Bruxelles, Foppens*, 1659, avec 2 frontisp. gravés, in-4°, veau brun.

Peu commun.

1324. (Le Pr. de Ligne) Mémoires sur l'ordre de la Toison d'or et sur l'ordre militaire de Marie Thérèse. (*Leopoldsberg, près de Vienne*) 1808, p. in-8°, br.

Rare.

1325. Le Mausolée de la Toison d'or ou les tombeaux des chefs et des chevaliers du noble ordre. *Amsterd.*, 1689, p. in-8°, v. br.

Léger défaut au titre.

1326. D'Ablaing van Giessenburg. De Duitsche orde, geschiedenis en statuten. *S'Gravenh.*, 1857, in-8°, fig., br.

1327. Fr. Ptolom. Veltronius. Statuta hospitalis Hierusalem (edita et confirm. sub F. Hugone de Lombeux Verdula), cum figuris. *Romae*, 1588, in-fol., nombr. figg. sur cuivre, cart.

Volume assez rare, qu'on recherche à cause de ses gravures (*Brunet*).
Le frontispice gravé manque.

1328. Livre du très-illustre Ordre de la Croix étoilée (fondé le 3 mai 1668). *S. l. n. d.*, in-8°, de 124 pp., veau fauve à fil., tr. d.

Imprimé vers la fin du XVIIIᵉ siècle, sans titre. La dernière promotion date du 14 sept. 1760.

1329. M. de Goussancourt. Le Martyrologe des chevaliers de S. Jean de Hierusalem, dits de Malte. *Paris*, 1654, 2 tom. en 1 vol. in folio, nombr. armoiries sur cuivre, v. br.

Exempl. bien conservé.

1330. Histoire générale des ordres de chevalerie en Europe. — Légion d'honneur (par M. V. de Sᵗ Allais). *Paris*, 1811, gr. in-4°, pl. color., cart. n. r.

1331. Nouveaux desseins pour la pratique de l'art heraldique : de plusieurs armes des premiers de l'Estat ornée de leurs couronnes, suppots, casques et l'Embrequins, avec des devises, par Mavelot. *Paris, chez l'auteur* (1696), in-4°, de 56 ff. veau brun.

Bel exemplaire d'un livre entièrement gravé sur cuivre. Rare.

1332. J. Sibmacher. New Wapenbuch (Armorial du Saint-Empire de la nation allemande, en plus de 3000 blasons avec les supports et cimiers, gravés sur cuivre). *Nuremberg*, 1605-9, 2 vol. in-4°, oblong, en vélin.

Première et rare édition de ce grand Armorial.

1333. — — Wappenbuch. *Norimbergae*, 1630, 2 part. en 1 vol. in-4° oblong, vélin. Nombreux blasons.

Le titre manque.

1334. Le Jardin d'armoiries contenant les armes de plusieurs Nobles Royaumes et Maisons de Germanie Inférieure : œuvre autant nouveau, que proufitable à tous amateurs du noble exercice d'armes (par Jean Lautte). *Gendt, by Gheraert Salenson*, 1567, p. in-8°, blasons sur bois, veau racine à fil.

Bel exemplaire, complet, de cet Armorial rare.

1335. Tarif des droits pour les annoblissements, titres et marques d'honneur aux Païs-Bas. In-folio, de 4 pp.

Pièce officielle, curieuse.

1336. (J. B. Christyns) Jurisprudentia heroica sive de jure belgarum circa nobilitatem et insignia. *Bruxellis*, 1668-1689, 2 part. en 1 vol. in-fol. avec figg. et 18 grandes pl. d'armoiries, v. br.

1337. Listes des titres de Noblesse accordés (par les Souverains des Pays-Bas) depuis 1659 jusqu'en 1789. — Edits divers sur les preuves de noblesse, de 1616 à 1790. Farde in-folio.

Éditions originales des 10 Listes officielles (tout ce qui a paru), moins les Listes VII et VIII (1734 à 1762) qui manquent. — La première Liste s'y trouve en deux éditions différentes.
Les listes 1 à 9, ont été réimprimées dans l'édition suivante.

1338. Liste des Titres de Noblesse, chevalerie et autres marques d'honneur, accordés par les Souverains des Païs Bas, depuis l'année 1659 à 1782. *Bruxelles*, 1784. p. in-8°, broché.

1339. Nobiliaire des Pays-Bas et du comté de Bourgogne, 2 vol. avec le supplément en 6 vol. ; le vrai Supplément, 1 vol. — Corrections intéressantes, 1 vol. — Liste des titres de Noblesse. *Bruxelles et Louvain*, 1760-84, 11 vol. p. in-8°, veau rac.

1340. De Vegiano. Nobiliaire des Pays-Bas et du comté de Bourgogne. *Louvain*, 1760, 2 vol. reliés. — Supplément au Nobiliaire (tom. 1-2-3), 3 vol. cart. Ens. 5 vol. p. in-8°.

1341. CHR. BUTKENS. Trophées sacrés et profanes du duché de Brabant. *La Haye*, 1724, 4 vol. in-fol., figg. et armoiries, veau brun.

Exempl. bien conditionné.

1342. Recueil généalogique des familles originaires des Pays-Bas ou y établies. *Rotterdam*, 1775, in-8°, blasons, cart.

1343. Les Tombeaux des hommes illustres qui ont paru au Conseil privé du Roy, depuis 1517. *Amsterd.*, *Ravesteyn*, 1764, in-12, v. br.

1344. C. de Francquen. Recueil histor. généalogique et Nobiliaire des Maisons et familles nobles du royaume. *Bruxelles*, 1826, gr. in-4°, armoiries, br.

1345. M. DE HAAN HETTEMA. Stamboek van den Frieschen vroegeren en lateren Adel. *Leeuwarden*, 1846, 2 vol. gr. in-fol., avec les armoiries en or et en couleurs, dem. toile, non rognés.

Rare, étant imprimé à 130 exempl. seulement et épuisé depuis longtemps. — L'exempl. de M. de Jonghe, vendu 175 fr. en 1860.

1346. MONUMENS ANCIENS essentiellement utiles à la France, aux provinces de Hainaut, Flandre, Brabant, par le Cte Jos. de Saint-Genois. *Paris* et *Lille*, 1782 *et suiv.*, tome premier en 2 vol., avec la Table ; in-fol., basane.

Les trois planches gravées, aux pages 92, 104 et 145, manquent. — La *Table alphab.*, qui s'y trouve, est rare.

1347. Recueil de la Noblesse de Bourgogne, Limbourg, Flandres, Artois, Haynau, etc., par J. Le Roux. *Douay, Derbaix*, 1784, in-4°, basane.

La meilleure édition.

1348. (Comte de Saint-Genois) CHRONOLOGIE des gentilshommes recus à la Chambre de la Noblesse des Etats du pays et comté de Hainaut depuis 1530 jusqu'en 1779. *Paris, chez Saillant*, 1780, in-fol., figg. de blasons, dem. rel.

Rare.

1349. Prolégomenes ou notes du Comte J. de St-Genois au sujet de son emprisonnement, en 1790. *Lille, s. d.*, in-4°, avec figg., cart. n. r.

1350. Recueil heraldique, avec des notices généalogiques de familles nobles et patriciennes de la ville et du Franconat de Bruges, par F. van Dycke. *Bruges*, 1851, in-8°, avec 496 blasons, dem. toile.

1351. Genealogia comitum Flandriae a Balduino Ferreo ad Philippum IV, auctore Oliv. Vredio. *Brugis Flandr.*, 1642, in-fol., figg. de sceaux, veau fauve.

Taches de moissisure aux premiers cahiers.

1352. Histoire généalogique de la famille DE CROESER par le Baron de Croeser de Berges. *Bruges*, (1798-1818), in-fol., fig., cart.

Exemplaire complet avec les différentes généalogies *De Stochove, Audeians, De Carnin, Le Poyvre*, etc.

1353. Farde de pièces généalogiques : copies d'actes, crayons etc. Concernant les familles VAN DER NOOT DE DURAS, WALEWEIN, DE HAVESKERCKE, DE LA KÉTHULLE, DE LALAING, DE BROECKHOVE, COLINS, etc. avec blasons, in-folio.

1354. Manuscrit du xviie siècle relatif à Messires Jean et Ferdinand, BARONS DE MERODE, DE JEHAY, ainsi qu'à Mesdames leurs sœurs Robertine et Charlotte, Chanoinesses d'Andenne. In-fol. veau, reliure du temps.

Ce manuscrit renferme des copies d'actes de ventes, d'échanges, de remboursements, etc., certifiées conformes aux originaux.

1355. Généalogie ou descente de la tres noble et tres ancienne famille de THIENNES, DE RUMBECQ et D'HEUKLOM, etc. — In-folio, monté sur toile, avec les armoiries en couleur.

Document du xviiie siècle.

1356. Crayons généalogiques (de plusieurs familles de Malines, d'Anvers, du Brabant et de la Flandre) par DE VOS. Manuscrit sur papier, du XVIII⁰ siécle, gr. in-fol., cart.

Intéressant pour les familles *Van Raveschot, de Castre, T'Serclaes, de Heetvelde, de Renialme, Van der Dilft, de Robiano, Denetieres*, etc. etc.

1357. Lettres patentes de Noblesse, en faveur d'ADRIEN DOMINIQUE VAN CASTEEL (de Bruxelles); document sur VÉLIN, avec les armoiries peintes, et les signatures de Marie Thérèse, et des Hérauts d'armes *Jaerens* et *de Grez* (1764). De 4 feuilles in-folio.

1358. Quartiers généalogiques du seigneur CH. ANT. THÉOD. DE LARDENOY DE VILLE, Sgr. de Meldert, Porcheresse, etc. — Sur une feuille de vélin, avec 15 blasons peints et rehaussés d'or.

Avec les armoires des familles *de Waha, de Voordt, de Puytlinck* et *de Lardenoy.*

1859. Certificat d'authenticité du Blason de la famille DE RASCH, delivré et signé par le Roi d'armes Breydaels, en 1788.

Document sur *vélin*, avec les armoiries peintes en couleurs.

1360. Memoires pour servir à l'histoire de la Maison de Brandebourg. *Au Donjon*, 1750, in-8°, veau rac.

1361. Aug. Scheler. Histoire de la Maison de Saxe-Cobourg-Gotha. *Bruxelles*, 1846, gr. in-8°, blason colorié, br.

1362. Monuments funéraires, armes et blasons de familles nobles de la Belgique : in-fol. en demi-vélin.

Recueil factice de dix anciens dessins à la plume et au crayon, de Monuments funéraires : une seule de ces figures, gravée pour le *Théâtre du Brabant* (tome I) est connue, les autres sont inédites. — A la suite de ces dessins se trouvent *dix planches* gravées sur cuivre par Harrewyn, de Monuments et incriptions avec blasons, qui se rapportent à l'histoire des familles *De Suys* (inédite); *Le Cocq; Van der Noot* (inachévée, les figures n'ont pas été publiées); *de Villégas;* ces planches preparées pour des ouvrages qui n'ont pas vu le jour ou tirés à un nombre d'exempl. si restreint qu'on ne les connaît guère, ont un grand intérêt pour les recherches généalogiques.

1263. MONUMENTS FUNÉRAIRES ET INSCRIPTIONS recueillis dans les abbayes de Flines et de Cambron, suivis d'Epitaphes armoriées de la Flandre et du Hainaut. Manuscrit sur papier, in folio, dem. rel.

Ce Recueil important, du XVIII⁰ siècle, est un des Manuscrits les plus précieux que l'on puisse signaler. Il se compose d'environ 120 feuillets, remplis de milliers de blasons, dessinés avec soin et de plusieurs *beaux dessins de Monuments funéraires*, qui n'existent plus de nos jours. En dehors des Inscriptions recueillies alors dans les abbayes de Flines et de Cambron, on y voit figurer les nombreuses localités de la Flandre ainsi que les abbayes de ces provinces : la dernière partie contient les Inscriptions du Hainaut et se termine par la description de Ste Waudru à Mons.

Ce travail considérable, offrant une foule de renseignements pour l'histoire des familles belges, ne peut être qu'un de ces Recueils précieux qu'on voyait autrefois dans les cabinets des Rois d'armes, et dont ceux-ci se servaient comme d'une source inépuisable pour les travaux généalogiques qu'on leur demandait. Peu de ces œuvres partielles faites par eux ont été conservées : la plupart des familles ont laissé éparpiller leurs documents, ensuite les évènements de guerre qui ont bouleversé si souvent le pays, ont sans doute fait disparaître ce qui restait encore. — La découverte de ce Manuscrit peut donc ramener d'un trait les recherches du généalogiste actuel, à la connaissance *quasi officielle* des preuves que l'on possédait il y a environ deux cents ans.

1364. Basilica Bruxellensis sive monumenta antiqua Inscriptiones et coenotaphia. *Mechlin.*, 1743, in-8°, broché.

1365. Selectae christiani orbis Deliciae ex urbibus, templis, etc. per Fr. Sweertium. *Coloniae.* 1625, in-8°, titre gravé, vélin.

Histoire littéraire et Biographies.

1366. M. J. de Chenier. Tableau historique de l'état et des progrès de la littérature française, depuis 1789. *Paris*, 1817, in-8°, cart. n. rogn.

1367. (Paquot) Mémoires pour servir à l'histoire littéraire des XVII provinces de Pays-Bas, de la principauté de Liége et de quelques contrées voisines. *Louvain*, 1763-70, 18 vol. in-8°, brochés.

1368. M. Goethals. Histoire des lettres, des sciences et des arts en Belgique. *Brux.*, 1840, 4 vol. avec portraits. — Lectures relatives à l'histoire des sciences et des arts. *Brux.*, 1837, 4 vol. (sans portraits), ens. 8 vol. in-8°, br.

1369. C. P. Serrure. Vaderlandsch Museum voor Nederduitsche letterkunde, oudheid en geschiedenis. *Gent*, 1855-1863, 5 vol. in-8°, figg. br.

1370. Elogia illustrium Belgii scriptorum, ex biblioth. Aub. Miraei. *Antv.*, 1602, in-12, d. v. (taché).

1371. Aub. Miraeus. Elogia Belgica sive illustrium belgii scriptorum vitae. *Antverp.*, 1609, in-4°, vélin (taches d'humidité).

1372. Valerii Andreae Bibliotheca belgica. *Lovanii*, 1643, in-4°, vélin.

1373. Arth. Dinaux. Les trouvères brabançons, hainuyers, liégeois et namurois. *Brux.*, 1863, in-8°, br.

1374. C. A. Serrure. Geschiedenis der Nederlandsche en Fransche Letterkunde in Vlaenderen. *Gent*, 1855, in-8°, br.

1375. F. Lecouvet. Hannonia poetica ou les poètes latins du Hainaut. *Tournai*, 1859, in-8°, br.

1376. F. Lecouvet. Tournay littéraire ou recherches sur les écrivains de l'ancienne province de Tournay. *Gand*, 1861, in-8°, br.

1377. Casp. Burman. Traiectum eruditum, virorum doctrina illustrium, vitas et scripta. *Trajecti*, 1738, in-4°, v. br.

1378. Histoire littéraire des fous, par O. Delepierre. *London*, 1860, p. in-8°, toile.

1379. N. Cornelissen. De l'origine, des progrès et de la décadence des Chambres de Rhétorique en Flandre. *Gand*, (1813), in-8°, br.

1380. Analectes pour servir à l'histoire de l'Université de Louvain; en 9 vol. in-12, dem. toile.

Extraits découpés de l'*Annuaire de l'Université*.

1381. Mémoires (couronnés) de l'ancienne Académie de Belgique, année 1777. — Idem, des années 1778 et 1783. *Brux.*, 3 vol. in-4°, relié et br.

1382. J. P. Namur. Histoire et bibliographie analytique de l'Académie des Sciences de Belgique. *Brux.*, 1852, gr. in-8°, br.

1383. Mémoires et publications de la Société des Sciences, des Arts et des Lettres du Hainaut. *Mons*, 1842-60, 9 vol. in-8°, br.

Ire série, tomes 2, 4, 5, 6, 8 à 10.
IIe série, tomes 6, 7.

1384. L. Moreri. Le grand Dictionnaire historique. *Paris*, 1718, 5 vol. et 2 vol. de supplément, ens. 7 vol. in-fol., veau brun.

1385. Nouveau dictionnaire historique, ou hist. abrégée de tous les hommes qui se sont fait un nom. *Caen*, 1789, 9 vol. in-8°, cart. n. r.

1386. Levensbeschryving van beroemde en geleerde mannen, met hedendaagsche sterfgevallen. *Amsteld.*, 1730, 5 vol. in-8°, avec portr., vélin.

1387. L'abbé de Feller. Dictionnaire historique, ou histoire abrégée des hommes qui se sont fait un nom... *Paris*, 1827-29, 17 vol. in-8°, et supplém., brochés.

1388. J. Ader. Plutarque des Pays-Bas, ou vies des hommes illustres. *Bruxelles*, 1828, 3 vol. in-8°, portr., br.

1389. Dictionnaire des hommes de lettres, des savans et des artistes de la Belgique. *Bruxelles, V. d. Maelen*, 1837, in-8°, br.

1390. Biographie Nationale publiée par l'Académie royale. *Bruxelles*, 1866-68, tomes 1-2, in-8°, cart. et br.

1391. Biographie des hommes remarquables de la Flandre occidentale. *Bruges*, 1843, 4 vol. in-8°, brochés.

1392. Cte de Becdelièvre-Hamal. Biographie liégeoise. *Liége*, 1839, 2 vol. in-8°, br.

1393. H. Delmotte. Notice biogr. sur Roland Delattre. *Valenciennes*, 1836, in-8°, fig., br.

1394. De Reiffenberg. De Justi Lipsii vita et scriptis commentarius. *Brux.*, 1823, in-4°, portr., dem. maroq.

1395. Justi Lipsii sapientiae et litter. antistitis fama postuma. *Antverp., Moretus*, 1613, in-4°, portr., v. br.

1396. Prolégomènes ou notes du Comte Joseph de Saint Genois, au sujet de son emprisonnement. *Lille, Danel, s. d.*, in-4°, cartes, cart. n. r.

1397. Mémoires du feld-maréchal comte de Mérode-Westerloo. *Bruxelles*, 1840, 2 vol. in-8°, portr., brochés.

1398. Aug. Holvoet. Esquisses biographiques des principaux fonctionnaires de la Belgique. *Brux.*, 1839, in-12, br.
Curieux et devenu rare.

1399. E. Rodigas. Notice sur la vie et les travaux de M.-J. Scheidweiler, *Gand*, 1862, gr. in-4°, portr., br.

1400. Mad. de Vasse. Plutarque anglois, contenant les vies des hommes les plus illustres de la Grande-Bretagne. *Paris*, 1787, 12 vol. in-8°, portr., veau rac.

1401. Histoire des Ministres-favoris anciens et modernes. *Paris*, 1820, in-8°, br.

1402. Richer. Vie du capitaine Cassard et du Baron de la Garde. *Paris*, 1785, in-12, portr.; br.

1403. Histoire du Prince Eugène de Savoye (par de Mauvillon). *Vienne*, 1777, 5 vol. p. in-8°, v. br.

1404. Recueil d'autographes fac-similés, lettres et signatures, de la collection de Félix Bogaerts. *Anvers*, 1846, in-4°, avec 51 pl. en feuilles.
La planche 32 manque.

1405. Collection d'authographes fac-similés de personnages marquants de la Révolution française. *Brux.*, 1847, gr. in-8°, 62 pl., cart.

Histoire de l'imprimerie. — Bibliographie.

1406. G. Meerman. Origines typographicae. *Hag. Comit.*, 1765, 2 vol. in-4°, portr. et pl. de facsimile gravés, veau jaspé à dent.
Bel exempl. en GRAND PAPIER et *réglé.*

1407. Kritische Geschichte der Erfindung der Buchdruckerkunst durch Johann Gutemberg, zu Mainz, von J. Wetter. *Mainz*, 1836, in-8°, dem. veau non rogn. et atlas de facsim., in-fol. obl. cart.

1408. (P. Marchand). Histoire de l'origine et des premiers progrès de l'imprimerie. *La Haye*, 1740, in-4°, frontisp., v. br.

1409. Recherches histor. sur la vie et les éditions de Thierry Martens, par M. J. de Gand. *Alost*, 1845, in-8°, figg., br.

1410. J. de Gand. Recherches sur la vie et les éditions de Thierry Martens. *Alost*, 1845, in-8°, br.

1411. Dictionnaire de géographie ancienne et moderne, par un Bibliophile [M. Deschamps. — Suite au *Manuel*]. *Paris, Didot*, 1870, en livraisons, in-8°.

1412. Plan d'une bibliothèque universelle; étude des livres, suivi du Catalogue des chefs-d'œuvre de toutes les langues, par L. Aimé-Martin. *Paris*, 1854, in-8°, br.

1413. Bibliographie instructive, ou traité de la connoissance des livres par M. de Bure. *Paris*, 1763, 7 vol. in-8°, v. jaspé.

1414. Répertoire bibliographique universel, par G. Peignot. *Paris, Renouard,* 1812, in-8°, veau.

Deuxième édition, la plus complète.

1415. J. Ch. Brunet. Manuel du Libraire et de l'amateur de livres. Seconde édition. *Paris,* 1814, 4 vol. in-8°, veau raciné.

1416. — — Le même ouvrage. Troisième édition. *Paris,* 1820, 4 vol. in-8°, dem. rel.

1417. Manuel du Libraire et de l'amateur de livres, par M. Brunet. *Bruxelles, de Mat,* 1821, 4 vol. in-8°, dem. rel.

1418. J. Ch. Brunet. Nouvelles recherches bibliographiques, supplément au Manuel du Libraire. *Paris,* 1834, 3 vol. in-8°, brochés.

1419. J. Ch. Brunet. Manuel du libraire et de l'amateur des livres. *Bruxelles,* 1839, 5 vol. in-8°, brochés.

1420. A. A. Barbier. Dictionnaire des ouvrages anonymes et pseudonymes. *Paris,* 1806, 4 vol. in-8°, dem. veau fauve et coins non rognés (*Claessens*).

Bel exemplaire.

1421. Nouveau dictionnaire des ouvrages anonymes et pseudonymes (suite au Dictionn. de Barbier), par E. de Manne. *Lyon,* 1862, in-8°, broché.

1422. DOM REMY CEILLIER. Histoire générale des auteurs sacrés et ecclésiastiques, nouvelle édition. *Paris, Vivien,* 1858-63, 14 tom. en 15 vol., gr. in-8°, à 2 colonn., brochés.

Exempl. comme neuf.

1423. Bibliothèque universelle des historiens, contenant leurs vies et leurs œuvres. *Paris,* 1707, 2 vol in-8°, dem. rel.

1424. Jacq. Le Long. Bibliothèque historique de la France : Catalogue de tous les ouvrages qui traitent de l'histoire de ce roïaume. *Paris,* 1719, in-folio, v. br.

Première édition.

1425. — — BIBLIOTHÈQUE HISTORIQUE de la France, nouvelle édition augmentée par Fevret de Fontette. *Paris,* 1768-1778, 5 vol. in-fol. brochés, n. r.

Trois titres sont légèrement tachés d'eau.

1426. Bibliographie des ouvrages relatifs à l'amour, aux femmes, au mariage, par le C. d'I**. *Paris, Gay,* 1864. in-8°, broché.

1427. Dictionnaire bibliographique choisi du xvᵉ siècle, ou description des éditions les plus rares et les plus recherchées, par De La Serna Santander. *Bruxelles*, 1805, 3 vol. in-8°, veau fauve, tête dor., non rognés.

Bel exemplaire.

1428. Cathalogus librorum haereticorum. *Venetiis, G. de Ferraris*, 1554, in-12, cart.

Cachet au titre.

1429. Philippi II edictum de librorum prohibitorum. Catalogo observando. *Antverp., Plantin*, 1570, in-8°, v. brun (rare).

1430. Index librorum prohibitorum. *Romae*, 1706, in-12, broché.

1431. Le Gallois. Traitté des plus belles bibliothèques de l'Europe, l'invention de l'imprimerie, etc. *Paris*, 1680, in-12, vélin.

1432. L. Petit-Radel. Recherches sur les bibliothèques anciennes et modernes. *Paris*, 1819, in-8°, br.

1433. De La Serna Santander. Mémoire historique sur la bibliothèque de Bourgogne. *Brux.*, 1809, in-8°, br.

1434. Ign. Hardt. Catalogus codicum manuscriptorum Bibliothecae regiae Bavaricae. *Monachi*, 1806-22, 5 vol. gr. in-4°, brochés.

1435. (Voisin) Bibliotheca Hulthemiana ou Catalogue des livres de M. Van Hulthem. *Gand*, 1836, 6 vol. in-8°, portr., br.

1436. Catalogue des livres et manuscrits de M. Th. de Jonghe. *Brux.*, 1860-61, 3 vol. in-8°, br.

1437. Catalogue des livres rares et précieux de M*** (Renouard). *Paris*, 1820, in-8°, cart., avec les prix ajoutés.

1438. Catalogue des livres de la bibliothèque de M. Capperonnier. *Paris*, 1821, in-8°, avec les prix, cart.

1439. Catalogue des livres de la bibliothèque de M** (Bertin). *Paris*, 1827, in-8°, cartonné, avec les prix ajoutés.

1440. Description raisonnée d'une jolie collection de livres (Nouveaux mélanges tirés d'une petite bibliothèque) par Ch. Nodier. *Paris*, 1844, in-8°, br.

1441. Divers catalogues : 12 volumes, in-8°, reliés et brochés.

Catalogue de Ch. Nodier, 1844. — Id. de A. A. Barbier. — De M. Fenillet. — De l'abbé Barthélemy, etc.

1442. Catalogue des differens effets curieux et rares contenus dans le cabinet de M. le chev. De la Roque, par Gersaint. *Paris*, 1745, p. in-8°, cart. non rogné.

Catalogue de tableaux, estampes, pierres fines, objets d'art.

1443. Catalogue (à prix) de la Librairie Van Dale. *Brux.*, 1848. — Catalogue de vente d'un Bibliophile. *Ibid.*, 1846, 2 vol. in-8°, relié et br.

Publications périodiques illustrées.

1444. THE ILLUSTRATED LONDON NEWS. *London*, 1842 (tom. I) à fin 1870, 57 vol. in-folio, nombr. figg. sur bois, toile dorée, dor. s. tr. (*reliure spéciale*).

Exemplaire complet et très bien conditionné ; les planches, données en prime, s'y trouvent.

On sait que les collections complètes de ce journal sont devenues très rares.

1445. L'Illustration. *Paris*, année 1848 (tomes XI et XII), en 1 vol. in-fol., nombr. figg. sur bois, dem. toile, non rogné.

Rare.

1446. Le Magasin universel. *Paris*, 1833 (première année) à 1840, 7 vol. p. in-fol., nombr. figg. sur bois, dem. rel.

1447. Le Magasin pittoresque. *Paris*, 1833 (première année) à 1860, 28 vol. p. in-folio, et 1 vol. de Table, nombr. figg. sur bois, dem. rel.

1448. Musée des familles. *Paris*, 1834 (1re année) à 1860, 27 vol. p. in-folio, nombr. figg. sur bois, dem. rel.

On y ajoute la Table de la première série.

1449. Magasin d'illustrations. *Paris*, année 1859 (première), p. in-fol., nombr. figg. sur bois, dem. rel.

1450. L'Univers illustré. *Paris*, année 1858 (première) et 1859, 2 vol. in-fol., nombr. figg. sur bois, cartonnés.

TABLE DES DIVISIONS.

HISTOIRE.

FIN DE LA TABLE DES DIVISIONS.

SOUS PRESSE

CATALOGUE

d'une superbe et nombreuse

COLLECTION D'ESTAMPES

ANCIENNES ET MODERNES

DES ÉCOLES ITALIENNE, ALLEMANDE, FRANÇAISE
FLAMANDE ET ANGLAISE

ainsi que de quelques livres à gravures, d'anciens
dessins, de précieux album de dessin d'ornements
de Meissonier et collections exécutés vers 1785.

Catalogue de valeur de fr.

La vente aura lieu le 27 avril 187. et jours suivants
en l'étude des libraires Cl. F. OLIVIER à Bruxelles
rue de M. 10.

www.ingramcontent.com/pod-product-compliance
Ingram Content Group UK Ltd.
Pitfield, Milton Keynes, MK11 3LW, UK
UKHW022033070726
13613UKWH00002B/505

9 782019 977108